Gute Geschichten schreiben

ein Schreibebuch

edition oberkassel

DETLEF KNUT

GUTE GESCHICHTEN SCHREIBEN

EIN SCHREIBEBUCH

edition oberkassel
2012

Alle Rechte vorbehalten.
Verlag: edition oberkassel Verlag Detlef Knut,
      Lütticher Str. 15, 40547 Düsseldorf
Herstellung: SOWA Sp. z o.o., Warszawa
Lektorat: Susanne Große, Düsseldorf

© edition oberkassel, 2012

www.edition-oberkassel.de
info@edition-oberkassel.de

Auflage 2012
Printed in Europe

ISBN: 978-3-943121-08-7

Bbliografische Information der Deutschen Bibliothek:
Die Deutsche Bibliothek verzeichnet diese Publikation in
der Deutschen Nationalbibliografie; detaillierte bibliogra-
fische Daten sind im Internet über http://dnb.ddb.de ab-
rufbar.

Inhalt

Vorwort

Mein Wissen weiter zu geben, ist mir immer ein Bedürfnis gewesen. Doch so lange, wie dieses Buch gebraucht hat, aus meinem Innersten zu wachsen, habe ich noch nie an einem Buch gearbeitet. Das hat allerdings daran gelegen, dass es als eine Artikelserie in dem Magazin eines deutschen Schriftstellerverbandes erschienen ist. Wegen dieser Artikel und wegen der zahlreich durchgeführten Seminare und Workshops, die mittlerweile unter dem Namen „edition oberkassel Akademie" bekannt sind, hat sich solch eine Fülle von Stoff ergeben, dass es einfach notwendig war, alles in ein Buch zu packen.

Eine kleine Anmerkung möchte ich an dieser Stelle die femininen und maskulinen Berufsbezeichnungen betreffend einstreuen. Fällt es beim Sprechen schon schwer genug, immer von Schriftstellerinnen und Schriftstellern, von Leserinnen und Lesern, von Autorinnen und Autoren zu reden, so fällt es beim Schreiben noch schwerer. Deshalb möchte ich mich gleich hier bei all den weiblichen Lesern, also bei den Leserinnen unter euch, entschuldigen. Ich werde diese doppelten Bezeichnungen meiden und wie in der Umgangssprache mit der maskulinen Variante arbeiten.

Kapitel 1:
Die Frage nach dem Warum

Viele Menschen, die bisher das kreative Schreiben nicht ausprobiert haben, meinen, man müsse überreichlich Talent besitzen, um überhaupt etwas zu Papier bringen zu können. Diejenigen, die es bereits probiert haben, wissen jedoch, dass nicht nur Talent dazugehört, ein besonders schönes Gedicht, eine spannende Kurzgeschichte oder einen überzeugenden historischen Roman fertigzustellen. Ihr, liebe Leser, wisst, dass dazu außerdem Fleiß, Geduld, Zeit, Disziplin und jede Menge Handwerk gehören. Vor allem von Letzterem möchte ich einiges vermitteln, möchte Denkanstöße bieten und Tipps mit auf den Weg geben, damit ihr euch im Handwerk des Schreibens übt und mit jedem Text besser werden könnt.

Natürlich hatte ich lange überlegt, wie ich dieses Buch beginnen soll. Viele von euch haben schon das eine oder andere Handwerksbuch gelesen, das eine oder andere Schreibseminar besucht. Da ergab sich für mich die Frage: Wo steige ich ein? Ich kam zu der Meinung, dass ich vorne anfange und in jedem Kapitel etwas Theorie bespreche, haufenweise praktische Anregungen gebe und einen Buchtipp zum Handwerkszeug nenne.

Doch nun zum Anfang, der Frage aller Fragen: Warum schreibe ich? Diese Frage sollte vor jedem Schreiben stehen und beantwortet werden. Es sei denn, euch fällt einfach aus heiterem Himmel ohne euer Dazutun ein Vers oder ein Text ein. Diese Texte werden natürlich ebenso aufgeschrieben, kommen zunächst aber ins eigene „geheime" Archiv. Vielleicht braucht ihr sie irgendwann noch?

Um auf die eingangs gestellte Frage einzugehen, gibt es verschiedene Antworten:

- die Bewältigung eigener Probleme und Lebenssituationen,
- das Bedürfnis, sich anderen Menschen mitzuteilen,
- die Lust auf das Schreiben an sich,
- die Lust, andere Menschen zu unterhalten,
- sich selbst und die Welt zu entdecken,
- eine befriedigende geistige Herausforderung zu finden, oder
- die Befriedigung darin zu finden, etwas zu schaffen, was andere Menschen mögen.

Sicherlich ließe sich noch eine Reihe weiterer Antworten finden. Jeder Autor hat sein ganz persönliches Motiv hierfür. Diese Antwort liefert man sich meist nur ein einziges Mal.

Mindestens ebenso wichtig ist meines Erachtens die Beantwortung derselben Frage unmittelbar vor jedem einzelnen Schreiben, vor jedem einzelnen Griff zum Stift. Dadurch wird bereits ein Stil gewählt, den der Text höchstwahrscheinlich annehmen wird. Die Antwort legt einige Regeln fest, die bei der neuen Geschichte zu beachten sind. Wohl bemerkt, sie müssen nicht unbedingt eingehalten, aber sie sollten berücksichtigt werden. Als Autor kann ich schließlich von jeder Regel abweichen, das ist mein Recht, solange ich einen Grund dafür habe.

Wenn ich auf die Frage antworte, dass ich mich jemandem mitteilen möchte, weil ich zum Beispiel eine besonders schöne Reise gemacht habe, dann wird ein anderer Text entstehen, als würde ich antworten: Ich möchte den Leser unterhalten, er soll beim Lesen ebenso Spannendes erleben wie ich es auf dieser Reise tat.

Falls ich antworte, dass ich dem Leser meine Sicht auf die aktuelle Politik und die Gesellschaft offenlegen möchte, entsteht womöglich ein monologisierender, philosophischer Text. Möchte ich ihn aber mit Themen der aktuellen Politik auch unterhalten, könnte eine Satire das Ergebnis sein.

Und wenn ich die Frage mit dem Geldverdienen beantworte, dann muss ich mich gegebenenfalls sogar den Regeln beugen und sie einhalten. In der Yellow-Press veröffentlichte Kurzgeschichten haben ganz andere Kriterien und Themen als Kurzgeschichten für eine literarische Anthologie. Ihr seht, liebe Leser, ich verdamme nicht das Schreiben für die Yellow-Press, denn Schreiben ist gleich Schreiben, solange die Schreiberin oder der Schreiber Spaß daran hat. Ihr solltet halt genau wissen, warum ihr den Text schreiben wollt. Entweder versucht ihr, jedes erdenkliche Klischee zu meiden, oder ihr könnt gar nicht genug davon bedienen. Beide Vorgehensweisen auseinanderzuhalten gehört zum Handwerk.

Übrigens wäre die Frage nach dem „Warum" vergleichbar mit der marketingtechnischen Frage nach der Zielgruppe. Wenn ich ein Produkt auf den Markt bringe (und etwas anderes ist ein Text nicht), dann muss ich mich vorher fragen: Welchem Personenkreis möchte ich dieses Produkt in erster Linie anbieten? Seniorentelefone sehen schließlich auch anders aus als die Handys für Kids.

Nun zu einem Punkt, den der Autor erreicht, sobald er weiß, warum er schreiben will. Das ist die Idee. Was möchte ich schreiben? Worüber möchte ich schreiben? Es wird häufig genug von der viel geliebten Muse gesprochen, die einen Künstler küsst. Manchmal müsst ihr aber lange warten, bis ihr wirklich den Hauch eines Kusses verspürt. Also sollten wir der Muse ein bisschen auf die Sprünge helfen. Die Ideen liegen überall, nicht nur auf der Straße. Ihr müsst sie nur aufheben, anpacken und eine Geschichte daraus machen. Sobald der erste Satz geschrieben ist, geht es wie von Geisterhand weiter.

Zum Abschluss dieses Kapitels erhaltet ihr quasi als Hausaufgabe zwei Möglichkeiten der Ideenfindung und zur Übung Beispiele an die Hand.

SCHREIBÜBUNG

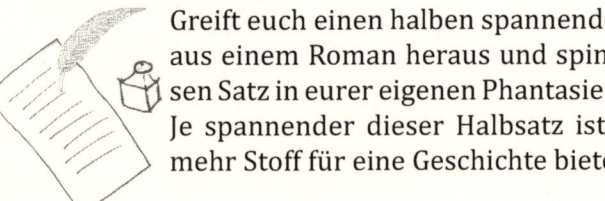

Greift euch einen halben spannenden Satz aus einem Roman heraus und spinnt diesen Satz in eurer eigenen Phantasie weiter. Je spannender dieser Halbsatz ist, umso mehr Stoff für eine Geschichte bietet er.

Beispiel

- Katrin wusste zwar nicht, was sie von diesem Signal halten sollte, ist es ein gutes Omen oder kommt ein Desaster auf sie zu? Eines aber wusste sie mit Sicherheit ...

SCHREIBÜBUNG

Überschriften und Kurznachrichten aus Tageszeitungen und Zeitschriften sind hervorragende Ideengeber.

Beispiel

- Fünf Tote bei Explosion einer Autobombe in München

- Räuber sperrt Verkäuferinnen ein

- In dem Mordfall auf dem Aachener Westbahnhof, in welchem eine 38-jährige Chinesin auf die Gleise gestoßen wurde, wird ein 33-jähriger Deutscher verdächtigt, diese Frau vor den einfahrenden Zug gestoßen zu haben. Der Verdächtige ist ein Informatiker, dem eine lebenslange Haftstrafe droht.

Findet ihr nicht, dass diese Schnipsel ein Feuerwerk an Geschichten sein könnten? Oder können vielleicht alle Schnipsel zusammen mit dem Beispiel 1 in einer einzigen Geschichte verarbeitet werden? Vielleicht sollte man mit den Schnipseln selbst experimentieren. Wäre die Autobombe in Bagdad genauso spannend wie die in München? Aber da wären wir wieder bei der allerersten Frage nach dem „Warum".

BUCHTIPP

 *Lasst mich schnell einen kleinen Buchtipp loswerden, ein Klassiker: James N. Frey, „Wie man einen verdammt guten Roman schreibt", Emons Verlag, ISBN 3-924491-32-1. Obwohl für große Texte gedacht, kann es auch einer kurzen Geschichte ganz gut bekommen, wenn einige der in dem Buch gemachten Tipps zur Spannungserzeugung verwendet werden.*

NOTIZEN

_____

_____

_____

_____

_____

_____

_____

_____

_____

_____

_____

_____

_____

_____

_____

_____

_____

_____

_____

_____

_____

_____

_____

_____

_____

Kapitel 2:
Äußere Formen einer Geschichte

Im vorigen Kapitel habt ihr erfahren, dass das Ziel des Schreibens unmittelbaren Einfluss auf das hat, was man schreibt und wie man es schreibt. Deshalb leitet sich daraus ebenso die äußere Form ab, mit der eine Geschichte dem Leser präsentiert wird. Definieren kann und möchte ich diese nicht. Schlagt in zehn verschiedenen Lexika oder Büchern nach, ihr werdet zehn unterschiedliche Definitionen zu den einzelnen Gattungen und Kategorien erhalten. Ich gebe euch meine Sicht auf die Dinge.

Grundsätzlich unterscheide ich zwischen Beschreibung und Fiktion. Zu den Beschreibungen gehören meines Erachtens alle Fach- und Sachbücher. Beim Verfassen dieser Bücher wird zwar kreativ gearbeitet, aber weniger kreative Textarbeit als viel mehr kreatives Layout oder Gesamtbild sind damit gemeint. Zu den Beschreibungen gehören auch Reisebeschreibungen, wie ihr Name schon sagt, und Biografien inklusive Autobiografien. Beide Arten sind grenzwertig, denn kreative Textarbeit kommt voll zur Geltung. Der Leser muss schließlich mit dem Text gefesselt werden. Zwar unterstreichen Bilder häufig den Inhalt, aber eine wirklich gute Beschreibung kommt ohne Bilder genauso gut aus, weil sie die Bilder im

Kopf der Leser entstehen lässt. So sollte es zumindest sein, wenn die Biografie nicht nur den Lebenslauf und die Zeitleiste eines Menschen chronologisch auflistet. Eine Biografie ist angefüllt mit Erlebnissen und Anekdoten des jeweiligen Menschen. Und da kommt ein gewisses Körnchen Fiktion ins Spiel. Ähnlich ist es bei Reisebeschreibungen. Die beschriebenen Orte sind angefüllt mit Geschichte und Geschichten. Märchen und Sagen mögen an diesen Orten stattgefunden haben. Das sind Stoffe, die eine Beschreibung lesenswert oder gar spannend machen.

Hier gibt es den fließenden Übergang zu einer Fiktion, bei der es sich um eine erfundene Geschichte handelt, die mit Wörtern erzählt wird. Im deutschsprachigen Raum existiert das Synonym Belletristik dafür.

Belletristik wird gern in geistige Literatur und in Genre-Literatur unterteilt. Während es sich bei der ersten Gruppe um Geschichten handelt, die einen künstlerischen Anspruch erheben, ohne auf unterhaltenden Wert zu verzichten, dienen die der zweiten Gruppe fast ausschließlich der Unterhaltung. Zur ersten Gruppe sind zweifelsohne die Klassiker der Weltliteratur zu zählen. Hier werdet ihr Spannung und Unterhaltung nicht vermissen, selbst wenn die Geschichten tatsächlich Kunstwerke darstellen.

Die Genre-Literatur, zu der Fantasy, Krimi, Western und Liebesgeschichten genauso gehören wie historische Abenteuerromane, um nur einige zu nennen, ist in dem breiten Feld der Unterhaltungsliteratur angesiedelt. Sie stellt ganz bewusst keinen so hohen Anspruch an den Leser. Mit der gleichen Einstellung hatte sich die Belletristik im 17. Jahrhundert als Ge-

genpol zur wissenschaftlichen Fachliteratur für das „einfache Volk" herausgebildet. Andererseits bedient sich die „höhere" Weltliteratur häufig eines Genres, um eine breite Masse von Menschen zu erreichen.

Bevor mich jetzt die Literaturkritiker unter euch, liebe Leser, verhackstücken, möchte ich mit der Kategorisierung auf dieser Ebene abschließen. Zumal ich die Dichtung und Lyrik noch nicht erwähnt habe. Was wohl daran liegen mag, dass ich als Schreiber kein Lyriker bin. Für mich ist Lyrik eher etwas zum Lesen. Ihr mögt es mir verzeihen.

Derweil gibt es für die Geschichten, die bisweilen als Prosa bekannt und damit nicht versförmig sind, und sowohl fiktiv als auch beschreibend sein können, verschiedene Gattungen. Sie können anhand ihrer Länge unterschieden werden, was eine Einteilung nach grobem Augenmaß darstellt und als erster Anhaltspunkt dienen soll.

- Kurzgeschichte – Das Hauptmerkmal dieser Geschichten ist die überaus starke Komprimierung des Inhalts auf etwa 15.000 Wörter. Es gibt keinen Raum für Abschweifungen, der Inhalt muss in aller Kürze auf den Punkt gebracht werden. Im deutschsprachigen Raum werden sie oft vernachlässigt, für einen amerikanischen Autor sind die „short stories" die hohe Schule des Schreibens und somit Pflicht. Es gibt kaum einen amerikanischen Schriftsteller, der nicht einen Band mit Kurzgeschichten herausgebracht hat.

- Novelle – Hierbei handelt es sich um eine kürzere Erzählung, die allerdings über das Maß einer Kurzgeschichte hinaus bis hin zur Länge eines Romans ragt. Es wird etwa von 15.000 bis 80.000 Wörtern ausgegangen. In ihr ist der Inhalt einer Kurzgeschichte weiter ausformuliert und beschrieben.

- Erzählung – Bis zu 80.000 Wörter wird für eine Erzählung angegeben. Sie hebt sich nicht durch Länge von Novelle oder Roman ab, eher durch den Stil, in welchem sie verfasst wurde. Denn die Perspektive des Erzählers wird nicht gewechselt. Beispielsweise werden Rückblenden nicht aus anderer Sicht beschrieben, sondern möglicherweise in einen Brief innerhalb der Handlung eingepackt.

- Roman – Ein Roman ist eine Geschichte, die oft mehr als 80.000 Wörter aufweist. Figuren, Landschaften, Zeiten und Handlungen werden mit aller Akribie bis ins Detail beschrieben.

Welche dieser Formen von euch für eine Geschichte genutzt wird, werdet ihr vorher nicht immer festlegen können. Es sei denn, ihr habt ein klares Ziel und damit eine fest definierte Zielgruppe oder ihr nehmt an Ausschreibungen teil, bei denen die Wortanzahl vorgegeben ist. Wenn ihr völlig ohne Wettbewerbsstress schreibt, dann wird sich eure Geschichte den Raum nehmen, den sie benötigt. Ihr werdet eine Geschichte nicht nach 15.000 Wörtern beenden, nur weil sie dann keine Kurzgeschichte mehr wäre. Besonders, wenn die Geschichte erst zur Hälfte zu Papier gebracht und erzählt wurde. Genauso wenig müsst ihr euch grämen, wenn sie nicht die Länge eines Romans hat. Legt sie in die Schublade und holt sie wieder raus, wenn ihr eine zweite oder dritte Geschichte mit ähnlicher Länge fertig habt, oder wenn ihr einen Beitrag in einer Anthologie veröffentlichen wollt.

SCHREIBÜBUNG

Mit der folgenden Übung wird ein anderer Abschnitt vorbereitet, aber sie hat etwas mit dem Zusammenfluss von Beschreibung und Fiktion zu tun. Obwohl ich diese Methode selbst sehr gerne praktiziere, hatte ich sie noch nie als Übung formuliert. Sie könnte unter dem Motto: „Schreiben im Café" stehen.

Nehmt euch die Zeit und setzt euch in ein Café. Ein Notizbuch und einen Bleistift solltet ihr dabei haben. Bei einem großen Milchkaffee pickt ihr euch einen Gast heraus und beginnt, ihn zu beschreiben.

In der ersten Fassung mögt ihr bitte nur das niederschreiben, was ihr seht. Bitte keine Interpretation! Nur beschreiben, Augen, Haare, Kleidung, Nase etc. Einfach alles, was zu sehen ist. Also nur beschreiben.

In der zweiten Fassung interpretiert ihr das, was ihr seht. Welchen Beruf könnte die „beobachtete" Person haben? Ist sie verheiratet? Vielleicht mit der anderen Person an ihrem Tisch? Wie wirken ihre weißen Socken zur schwarzen Hose? Die Fiktion nimmt ihren Lauf.

BUCHTIPP

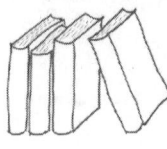

Als Buchtipp möchte ich euch gleich mehrere amerikanische Autoren vorstellen: Alexander Steele (Hrgb.), creative writing – Romane und Kurzgeschichten schreiben, Autorenhaus Verlag, ISBN 3-86671-023-2.

NOTIZEN

_____

_____

_____

_____

_____

_____

_____

_____

_____

_____

_____

_____

_____

_____

_____

_____

_____

_____

_____

_____

_____

_____

_____

_____

Kapitel 3:
Von der Idee zur Geschichte

Im vorigen Kapitel habt ihr etwas von den verschiedenen Kategorien in der Prosa erfahren. Was ist eine Novelle, was ein Roman? Macht es überhaupt Sinn, solche Einteilungen vorzunehmen? Es wurde über den Unterschied von Fiktion und Realität gesprochen. Dabei ist es für den leidenschaftlichen Schreiber nicht wichtig, ob er eine Kurzgeschichte oder einen Roman schreibt, solange er nur schreiben kann beziehungsweise die Zeit dafür zur Verfügung hat. In den nächsten Kapiteln verwende ich den allgemeineren Begriff „Geschichte". Denn eine Geschichte ist es allemal, die zu Papier gebracht wird. Egal, welchen Umfang sie annimmt.

Doch nun möchte ich meine Sicht darüber näher bringen, was notwendig ist, um zu einer Geschichte zu gelangen. Ich möchte auf die Punkte eingehen, die nötig sind, um von einer Idee zu einer Geschichte zu gelangen. Dieses Kapitel knüpft daher direkt an das erste Kapitel an und findet seine Fortsetzung im nächsten, welches sich mit der Disziplin eines Schriftstellers befasst.

Es ist nur allzu natürlich: Vor der Geschichte steht die Idee. Doch was soll man tun, wenn man unbedingt schreiben möchte, einen starken Drang verspürt, aber nicht weiß, worüber man schreiben kann? Es gibt Werkzeuge, womit sich ein Autor auf die Sprünge hilft und eine Idee entwickelt, die eine komplette Geschichte trägt. Allerdings möchte ich keine Angst vor dem größten Schrecken eines Schriftstellers verbreiten. Die Profis unter euch wissen: Viele Ideen kommen von ganz alleine. Sie fließen einem zu während des normalen Tages, seltener mitten in der Nacht. Sie erscheinen beim Beobachten, beim Essen, beim Erzählen. Gut für denjenigen, der einen Stift und ein Notizbuch zur Hand hat und die Idee sofort zu Papier bringen kann. Denn eines sei klar gestellt: Jede Idee hat ihren Preis. Und die plötzliche Idee hat den Preis der Flüchtigkeit. So schnell wie sie gekommen ist, kann sie wieder verschwinden. Nichts ist Nerven aufreibender als später da zu hocken und sich zu erinnern versuchen, was einem vor drei Tagen beim Mittagstisch eingefallen war. Letzten Endes bleibt nur: „Eines weiß ich genau, aus der Idee hätte ich wirklich einen großen Roman machen können. Was war es bloß?"

Die andere Möglichkeit, auf eine Idee zu kommen, ist die Provokation, Reizung, oder wie auch immer, des eigenen Gehirns. Schreibübungen sind dabei ein sehr wichtiges Hilfsmittel. In Schreibwerkstätten wird häufig mit solchen Hilfsmitteln gearbeitet, die das Gehirn der Teilnehmer anstacheln sollen. Viele von euch werden so etwas mitgemacht haben und wissen, wie erstaunlich und amüsant es ist, aus drei Schnipseln Papier mit jeweils drei unterschiedlichen Wörtern, Sätzen oder Satzfragmenten eine Geschichte zu bauen, die letztendlich im Großen und Ganzen stimmig und abgeschlossen ist.

Mit solchen Fingerübungen und Hilfsmitteln ist es offensichtlich möglich, für sich selbst zu entdecken, dass das Schreiben „auf Kommando" funktioniert. Mir geht es oft so, dass ich zunächst zu schreiben beginnen muss, um anschließend von der Idee zu der tatsächlichen Geschichte zu kommen. Es spricht ja nichts dagegen, die so entstandenen ersten Sätze wieder zu verwerfen und einen später geschriebenen Satz als ersten für die Geschichte zu verwenden. Diesem ersten Satz kommt im Übrigen eine besondere Bedeutung zu.

„Die Geschichten liegen auf der Straße, man braucht sie nur aufzuheben." Das ist Klischee, aber deshalb nicht unwahr. Es besagt, dass die Ideen, wie oben bereits genannt, meist aus einer Beobachtung heraus geboren werden. Solche Ideen liefern die beste Grundlage für eine Geschichte. Sie bieten die Möglichkeit, eine Geschichte so erscheinen zu lassen, als wäre sie wirklich passiert, weil zumindest winzige Teile der Geschichte einer Tatsache entsprechen. Dabei ist es unerheblich, ob Personen beobachtet wurden oder Sachverhalte und Ereignisse. Aus der Beobachtung einer Person kann eine interessante Figur entstehen, aus der eines Sachverhaltes der Beginn oder das Ende eines Handlungsverlaufes. Aus der Verknüpfung mehrerer Beobachtungen kann eine spannende Geschichte erwachsen. Wie das geschehen kann, möchte ich euch am folgenden Beispiel zeigen. Aber denkt bitte daran, dass jede dieser Beobachtungen unabhängig voneinander erfolgte.

- Erste Beobachtung: Auf der gegenüberliegenden Straßenseite schaut ein älterer Herr jeden Morgen mit einem Kissen unter den Ellenbogen auf das Fensterbrett gestützt auf die Straße hinaus.

- Zweite Beobachtung: Morgens und am frühen Nachmittag passieren Schulkinder mit ihren Ranzen die Straße.

- Dritte Beobachtung: Eine Zeitungsnotiz berichtet davon, dass ein kleines Mädchen seit drei Tagen vermisst wird.

Na? Hat das Kopfkino begonnen? Makaber? Oder doch nur der Stoff, aus dem die Krimis sind? Bitte, der Nachbar von gegenüber hat nichts, aber auch gar nichts mit dem vermissten Mädchen aus der Zeitungsnotiz zu tun. Er ist nur ein Puzzleteilchen für die Idee zu einer Geschichte.

Jetzt kommt wieder euer Notizbuch ins Spiel. Wer seine „Mini-Ideen" und Beobachtungen regelmäßig aufschreibt, der sollte sie sich jetzt zur Hand nehmen, etwas durcheinander würfeln, sich drei davon heraus suchen und diese unter einem anderen Licht betrachten. Ich möchte wetten, dass ihr anschließend eine neue Idee für eine Geschichte habt.

Einige wichtige Zutaten, die beinahe genauso wichtig wie die Idee sind, fehlen noch, besonders, wenn sie gut (=spannend) sein soll.

- gekonnter Umgang mit der Sprache,

- erzählerische Fähigkeiten,

- Beobachtungsgabe verknüpft mit einem gewissen Hang zum Voyeurismus,

- Vorstellungskraft und

- enorm viel Disziplin.

Vieles davon ist erlernbar. Doch davon mehr im nächsten Kapitel.

SCHREIBÜBUNG

Nehmt euch ein Kartenspiel zur Hand, eines mit möglichst vielen und schönen Bildern. Sehr geeignet sind Tarot-Karten. Wegen ihrer angeblich wahrsagenden Wirkung sind alleine schon die Abbildungen auf diesen Karten sehr kreativ. Außerdem gibt es welche mit unterschiedlichen  Themenmotiven. Die Bilder des klassischen Blattes lenken die Gedanken möglicherweise in die Welt der Fantasie. Andere Blätter wie das *„Tarot de Marseille"* lassen eine Geschichte im Mittelalter entstehen. Ich möchte aus euch keine Tarot-Spezialisten machen. Aber wenn ihr solch ein Blatt in die Finger bekommt, lasst euch mal von den Bildern darauf inspirieren. Einfach eine Karte ziehen und beschreiben, was darauf zu sehen ist. Dann die nächste Karte ziehen und so weiter. Einen Schritt weiter beginnt ihr, aus der Gestalt auf einem Bild eine Figur zu entwickeln. Die Namen der Karten, wie *„Der Magier"* oder *„Die Hohepriesterin"*, mögen dabei helfen. Noch einen Schritt weiter sucht ihr euch die Bedeutung einer Karte heraus. Ähnlich dem Text eines Horoskopes (welches übrigens auch als Ideengeber herhalten kann) versucht ihr nun, diesen Text mit der von euch bereits geschaffenen Figur aus dem Bild in Zusammenhang zu bringen.

BUCHTIPP

Eines meiner Lieblingsbücher, wenn nicht das Lieblingsbuch auf dem Gebiet der „Schreibschulen", ist das von Eva-Maria Altemöller: „Schreiben ist Gold – Wie Sie zu den Geschichten finden, die Sie immer schon schreiben wollten" Es ist im Coppenrath Verlag Münster mit der ISBN 3-8157-3087-2 erschienen und nur noch im Antiquariat zu erwerben. In diesem mit sehr viel Liebe und Arbeit gestaltetem Buch wird äußerst anschaulich auf die Ideenfindung eingegangen.

Notizen

_____

_____

_____

_____

_____

_____

_____

_____

_____

_____

_____

_____

_____

Kapitel 4:
Mit Druck, Zeit und Disziplin umgehen

Es ist ein langwieriger, aber spannender Weg von der Idee bis zur Geschichte. Wenn die richtige Idee gefunden worden ist, beginnt die harte Arbeit. Sie ruft bei manchem Unbehagen hervor. Deshalb dreht sich dieses Kapitel um Druck und Zeit, und Disziplin hat auch etwas damit zu tun.

Geht es euch auch so, dass ihr oft sagt: Mir fehlt einfach die Zeit zum Schreiben? Ein Argument, welches ins Feld geführt wird, wenn eine Geschichte nicht rechtzeitig fertig wird oder geworden ist. Mal ehrlich, genau genommen hält dieses Argument nicht einmal als fade Ausrede stand. Natürlich ist Zeit ein Faktor, mit dem ein Autor kalkulieren muss. Selbst, wenn die Geschichte im Kopf fertig ist, ist sie noch lange nicht zu Papier oder in den Computer gebracht. Wenn das Erfinden einer Geschichte noch kreative Züge aufweist, so ist für das Abtippen eindeutig handwerkliches Geschick nötig. Wo sind sie nur geblieben, die Verlage und Lektoren, die ein handgeschriebenes Manuskript entgegen nehmen und dies abtippen oder tippen lassen? Ich sehe zwei Chancen, um sich Zeit für die Kreativität und Schreibarbeit zu beschaffen:

- entweder sich einem gewissen Druck aussetzen und/oder
- sich zu disziplinieren.

Erstere Methode ist anscheinend einfacher umzusetzen. Sie wird von sehr vielen Autoren praktiziert. Am besten geht das mit Termindruck, zum Beispiel der Teilnahme an Literaturwettbewerben mit ihren Abgabeterminen. Oder es gibt einen festen Lesetermin, auf welchem eine neue Geschichte vorgestellt werden muss. Viele von euch werden solche Termine bei der Arbeit in Schreibgruppen kennen. Es ist gut, wenn sich die Teilnehmer einer solchen Gruppe zum Ziel setzen, dass bei jeder Zusammenkunft von jedem Teilnehmer eine neue Geschichte oder ein neuer Teil vorgelesen wird. Ausreden gelten dann nicht. So zwingen sich auch die „faulen" Schreiber. Gerade dieser Gruppenzwang übt eine sinnvolle Wirkung auf die zweite Möglichkeit, die Disziplin, aus. Aber, kleiner Hinweis: Auf die Dosierung kommt es an! Ein solcher Druck kann zu einer Schreibblockade führen.

Disziplin zu halten ist etwas schwieriger, als sich unter Druck zu setzen. Dennoch ist es die Methode, die von vielen Schriftstellern praktiziert wird. Ein einfaches Rechenbeispiel kann euch schon einen kleinen Einblick geben. Wenn ihr jeden Tag nur eine einzige Seite schreibt, dann habt ihr am Ende eines Jahres ein Buch mit 365 Seiten. Das ist doch ganz ordentlich, oder? Wenn ihr euch nicht dazu diszipliniert, täglich zu schreiben, dann schafft ihr es vielleicht auf wöchentlicher Basis. Es kommt dabei nicht auf die Anzahl der Seiten an, sondern darauf, dass ihr euch zwingt, regelmäßig zu schreiben.

Thomas Mann war solch ein Mensch. Wenn er an einem Roman schrieb, dann tat er dies täglich in der Zeit von 9 bis 12 Uhr. Da gab es keine Ausnahme, auch nicht am 3. September 1939, als England und Frankreich Hitler den Krieg erklärten. Oder als er 1941 im Schlafzimmer seines Hauses in Princeton arbeitete, während seine Frau und die Möbelpacker die übrige Wohnung für den Umzug nach Kalifornien ausräumten.

Ein Zitat von Wilhelm Busch bestätigt, dass dieser ebenso viel von der „eisernen" Disziplin beim Schreiben hielt: „Gedanken sind nicht stets parat, man schreibt auch, wenn man keine hat."

Selbst das bekannte Schriftstellerehepaar Iny Lorentz nimmt es sehr genau mit der Disziplin. Erst, wenn das tägliche Pensum geschafft ist, jeden Morgen vor der normalen Arbeit eine Stunde, werden andere Dinge gemacht. Beispielsweise ist das Surfen im Internet nie vor dem Schreiben an der Reihe.

Wenn es dann mit der Disziplin und der regelmäßigen Zeit klappt, müssen weitere Zutaten der Geschichte beigemengt werden. Als ich vor einiger Zeit meinen ersten Krimi noch vor dessen Veröffentlichung in einer kleinen Runde vorstellte, wurde ich hinterher von einer Zuhörerin gefragt, ob ich denn bei der Kriminalpolizei arbeite. Das empfand ich als Lob, zeigte es doch, dass ich einen Schreibstil getroffen hatte, der die Situationen sehr realistisch darstellte. Ihr werdet sicherlich ähnliche Situationen erlebt haben. Oft kommt es vor, dass die Leser dem Autor unterstellen, er hätte viele der dargestellten Situationen am eigenen Leibe erlebt. Ich glaube aber, das ist genau das, was einen Schriftsteller von einem Sach- und

Fachbuchautor unterscheidet. Ein Schriftsteller ist in der Lage, erfundene Sachen so realistisch darzustellen, dass sie für wahr gehalten werden können. Ein Schriftsteller, der den Leser darüber hinaus glauben machen wollte, er hätte alles selbst erlebt, war Karl May. Weshalb er schließlich als Hochstapler beschimpft wurde. Das Kriterium für einen Schriftsteller stellt sich mir deshalb so dar:

Schriftsteller erzählen Geschichten, die sich ereignen könnten, es sind keine Reportagen.

Welches Talent muss ein Schriftsteller dafür besitzen? Ganz sicher gehören, wie bereits genannt, die Beobachtungsgabe und der Hang zum Voyeurismus dazu. Selbst wenn er sehr gut beobachtet, schreibt er noch lange keine wahren Begebenheiten. Jede Beobachtung ist ein Puzzleteilchen. Im Moment der Beobachtung weiß der Schriftsteller noch nicht, in welchem Puzzle er dieses Teilchen verwenden wird, es sei denn, es wird sofort der Auslöser zu einer neuen Idee. Irgendwann kann es in eine Geschichte einfließen. Damit es dann losgelöst von seiner Umgebung realistisch wirkt, kommt ein gewisses handwerkliches Können hinzu. Der Umgang mit der Sprache, zu dem folgende Punkte gehören:

- Die Wahl der richtigen Worte.
- Die richtige Reihenfolge der gewählten Worte.
- Die Wahl der grammatikalischen Person des Erzählers.
- Die Wahl der Figur des Erzählers.
- Die Nähe des Erzählers zu den handelnden Figuren.
- Die Wahl der Zeit in der Erzählform.

- Die Ansprache der Sinne der Leser.

Einige dieser Punkte werden noch in anderen Kapiteln besprochen, denn sie sind Handwerk und beeinflussen den Unterhaltungswert einer Geschichte.

SCHREIBÜBUNG

Die Schreibaufgabe ergibt sich aus dem ersten Teil dieses Kapitels. Versucht bitte, regelmäßig zu schreiben. Lasst keine Ausreden gelten. Setzt euch hin zum Schreiben, auch wenn ihr im ersten Moment gar nicht wisst, was ihr schreiben sollt.

BUCHTIPP

Als Empfehlung möchte ich euch Elizabeth George mit auf den Weg geben. Nicht einen ihrer gut gemachten Krimis. Nein, sie hat auch aus ihrem Nähkästchen geplaudert: Elizabeth George, „Wort für Wort oder Die Kunst, ein gutes Buch zu schreiben", Goldmann Taschenbuch, ISBN 3-44241-664-7. Hier schildert sie das, was das Handwerk ausmacht. Sie beschreibt, wie man Figuren und Schauplätze erschafft, wie ein Plot entsteht und sich weiterentwickelt. Sie sagt, wo ein Roman anfängt oder anfangen kann, welche Erzählperspektive und Erzählsprache möglich ist, was es mit Dialogen auf sich hat und vieles mehr.

NOTIZEN

Kapitel 5:
Figuren im Unterschied zu real existierenden Personen

In diesem Kapitel möchte ich beginnen, über die Menschen in einer Geschichte zu schreiben. Das gesamte Thema „Figuren" wird sich in einem Kapitel nicht abhandeln lassen, aber für einen Anfang ist es nie zu spät. Deshalb starte ich mit der Definition von Figuren, die in einer schlechten Übersetzung aus dem Englischen gerne als „Charaktere" bezeichnet werden.

Die handelnden Personen in einer Geschichte sind in den meisten Fällen fiktive Personen. Sie sind nicht realistisch, sondern verfügen höchstens in einzelnen kleinen Details über einen Charakterzug eines real existierenden Menschen. Diese Gestalten sind in den Geschichten frei erfunden und werden deshalb als Figuren bezeichnet. Mancher von euch mag noch nicht darüber nachgedacht haben, aber achtet mal darauf, wenn in einem Artikel über einen Roman von den Menschen darin gesprochen wird. Ihr hört ganz selten, dass es sich um Menschen oder Personen handelt. Der Begriff der „Romanfigur" wird euch, liebe Autoren, mit großer Sicherheit entgegen stürmen.

Nun sind solche Figuren nicht nur schmückendes Beiwerk. Im Gegenteil, sie sind der Grund dafür, dass die

Leser ein Buch oder eine Geschichte lieben oder auch nicht. Sie sind nicht das Salz in der Suppe, die Figuren sind die Suppe selbst. Dabei muss die Figur, wegen derer ein Buch geliebt werden soll und geliebt wird, eine ungeheure Ausstrahlung haben. Oder könntet ihr euch „Das Schweigen der Lämmer" ohne Hannibal Lecter vorstellen? Durch und durch schlecht, und trotzdem ist diese Figur der Magnet für die Leser. Stellt sich die Frage, warum gerade diese Figur eines Serienmörders so viele Leser in seinen Bann zieht. Die Antwort liegt auf der Hand: Lecter ist eine Figur mit sehr starken Brüchen. Er ist ein überaus intelligenter Psychiater, weshalb er während seiner Haft vom FBI um Mithilfe bei der Suche nach einem anderen Serienmörder gebeten wird. Trotz seiner Intelligenz (oder auch wegen dieser?) ist er ein Kannibale, der seine Opfer ausweidet. Jeder normale Mensch fragt sich: Wie kann ein intelligenter Mensch einen anderen Menschen töten? Oder: Wie kann ein kannibalischer Serienmörder so intelligent sein? Egal, wie herum die Frage gestellt wird, dies macht die Romanfigur überaus interessant und die Bücher, in denen sie eine Rolle spielt, lesenswert.

Es sind unverkennbar die faszinierenden Charakterporträts, durch die eine außergewöhnliche Handlung oder ein unorthodoxes Thema lebendig werden, die das Geheimnis großer und zeitloser Literatur ausmachen. Jede fiktive Geschichte lebt von der Glaubwürdigkeit seiner Figuren, die damit jedes Element der Geschichte beeinflussen. Eine Figur, die wie ein realer, fühlender, denkender und lebender Mensch daher kommt, treibt eine Geschichte voran, weckt das Mitgefühl der Leser. Sie nimmt ihn an die Hand und führt ihn durch die Geschichte. Das ist auch der Grund, warum manch ein Schriftsteller auf diese Methode zum Geschichtenerfinden schwört. Er entwickelt eine Hauptfigur, die fast automatisch zu einer Geschichte führt. (Kommentar für zwischendurch: dies nennt man figurengetrieben, hingegen die andere Methode als handlungsgetrieben bezeichnet wird.)

Wenn ich nun das Wort „fast" bemühe, dann geht das also nicht ohne weiteres Dazutun, um von der Figur zu einer Geschichte zu kommen. Doch was gibt den Anstoß zu einer Geschichte? Alleine die Beschreibung einer Figur ist es nicht. Zu einer Handlung wird es kommen, wenn die Figur einen sehr starken Wunsch verspürt. Einen Wunsch, von dem sie immer schon geträumt hat, den sie sich aber noch nie hatte erfüllen können. Warum nicht, ist eher unerheblich, denn nun ist es vielleicht endlich so weit. Die Einlösung des Wunsches steht ganz kurz bevor. Merkt ihr nun, worauf das hinaus läuft? Dem unbefangenen Leser, der sich bis jetzt mehr oder weniger gelangweilt oder interessiert mit dem Handlungsumfeld der Geschichte befasst hat, stellt sich plötzlich die Frage: Wird die Figur ihr Ziel, die Verwirklichung ihres Wunsches, erreichen? Die Figur hat jetzt die Chance, den Leser zu packen, ihn das Buch nicht mehr aus der Hand legen zu lassen. Und natürlich ist euch klar, dass hinter der Figur ihr Erschaffer, der Autor, steht.

Eine Geschichte beginnt also erst in dem Moment, wenn deren Figuren von einem überaus starken Verlangen heimgesucht werden.

Wenn ihr eure Figuren mit einem Wunsch ausstatten wollt, dann müsst ihr nicht unbedingt an ein ganz schweres oder hohes Ziel denken. Es reichen kleine Ziele. Denkt an eine Komödie, in der die Hauptfigur einen Zug erreichen will. Auf dem Weg dorthin kann so viel Unvorhergesehenes passieren, um aus diesem Wunsch eine lustige Geschichte zu machen. Koffer klappt beim Passieren einer Straße auf, Mantel bleibt beim Aussteigen aus der Straßenbahn in der Tür hängen, Fahrschein zu Hause vergessen, und so weiter, und so fort. Ein solcher Wunsch ist es, der eine fiktive Geschichte meist spannender macht als die Biografie einer realen Person. Häufig fehlt den Biografien solch ein zentraler Wunsch, der von vorne bis hinten die Spannung immer wieder anfacht. Nur daher erkläre ich mir, dass man von vielen Menschen hört, dass sie nicht gerne Biografien lesen.

SCHREIBÜBUNG

Die Schreibaufgabe in diesem Kapitel könnte möglicherweise zu einer starken Geschichte werden. Die ersten beiden Teile können alternativ, aber auch gemeinsam eingesetzt werden.

1) Lasst euch von Namen inspirieren. Jeder Mensch assoziiert mit bestimmten Namen ganz bestimmte Eigenschaften. Versucht bitte, zu den folgenden Namen Figuren zu finden: Moritz Michael Haffmann, Eleonore Permaninkel, Marcel Grell, Sarah Müller, Pia von Waltershausen.

2) Sucht euch Fotos von Menschen, vielleicht ganz alte aus einem Familienalbum. Möglichst von oder mit einem Jugendfreund oder einer Jugendfreundin eurer Eltern, jedenfalls eine euch unbekannte Person. Eine Quelle für Fotos ist auch das Fotoportal **www.dreamstime.com**. Dann betrachtet ihr dieses

Foto und stellt euch eine Figur für die abgelichteten Personen vor. Beschreibt diese Person, die dadurch zu einer Figur wird. Schreibt nicht nur das Sichtbare auf, sondern sucht nach Eigenschaften, die ihr dieser Person unterstellen würdet.

3) Nehmt euch eine der von euch geschaffenen Figuren und lasst sie einen überaus starken Wunsch verspüren.

BUCHTIPP

Dieses Mal empfehle ich euch das Buch „Literarisches Schreiben: Starke Charaktere - Originelle Ideen - Überzeugende Handlung" von Lajos Egri (Autorenhaus Verlag; ISBN: 3932909682/ 978-3932909689).
Ein Zitat aus dem Buch lautet: „Gute Schriftsteller suchen nach Charakteren, denn die sind wie Bäume, an denen die Ideen ganz von selbst wachsen. Und zwar nicht nur eine, sondern ganze Körbe voll." In einer Fülle von Beispielen wird beschrieben, wie man ausgehend von einer Figur zu einem interessanten und spannenden Roman kommt.

NOTIZEN

Kapitel 6:
Kontrastreiche Figuren mit Widersprüchen

Im vorhergegangenen Kapitel haben wir die Wichtigkeit der Figuren und einige weitere Aspekte besprochen. Jetzt geht es um die Ausarbeitung einer Figur, ihre Ausstattung mit signifikanten Eigenschaften. Ich werde einige Punkte nennen, die eine Figur interessant machen, damit sich der Leser von ihr angezogen fühlt. Ihr werdet erfahren, welche Wirkung Kontraste und Widersprüche auf den Leser haben.

Neben dem Verlangen einer Figur, dem Wunsch, ein Ziel zu erreichen, ist es die Komplexität der Figur, die einen Leser an eine Geschichte bindet, ihn in den Bann zieht. Jeder Mensch hat mindestens zwei verschiedene Seiten. Das glaubt ihr nicht? Was haltet ihr davon: Ein Manager verhält sich seiner Familie gegenüber anders als gegenüber seinen Mitarbeitern in der Firma. Das ist nicht fiktiv, sondern oft Realität. Es zeigt die zwei unterschiedlichen Seiten ein und desselben Menschen. Ein anderes Beispiel sind die Mafiabosse Al Capone und Lucky Luciano. Sie waren nicht nur Verbrecher, sondern auch liebevolle und strenge Familienoberhäupter. Nicht nur im Film, sondern im wahren Leben.

Diese Widersprüchlichkeit ist es, die eine Figur komplex werden lässt. Von einer solchen (erfundenen) Romanfigur habe ich bereits erzählt. Gemeint ist Hannibal Lecter, der ein überaus intelligenter Kannibale und Serienmörder ist. Hannibal ist jedoch schon ein extravagantes Beispiel. Es geht selbstverständlich eine Nummer kleiner, um die Figur zu einem Magneten werden zu lassen. So gibt es beispielsweise den Kommissar, der kokst, oder den, der seine Frau verprügelt. Das sind Stoffe, aus denen Geschichten entstehen können.

Gebt euren Figuren also Ecken und Kanten, lasst sie sich in Widersprüche verzetteln, verseht sie mit verschiedenen Facetten. Natürlich darf die Plausibilität dabei nicht vernachlässigt werden. Es muss einen Grund geben, warum sie so kantig sind. Dafür reicht manchmal ein einziger Nebensatz. Nicht unerheblicher Nutzen der Ecken und Kanten einer Figur für die Geschichte: Sie wird nicht vorhersehbar. Ihr wird die Grundlage für das Klischeehafte entzogen. Bestimmt kennt jeder von euch den Privatdetektiv, der mit sich und der Welt nicht zufrieden ist. Er ist unverheiratet, hat keine Freundin und verbringt die meiste Zeit, die er nicht an einem Fall dran ist, in Bars und Kneipen. Sein Büro befindet sich in einem abrissfähigen Haus, weil er kaum das Geld für die Miete aufbringen kann. Die Urfigur für diesen Detektiv ist Philipp Marlowe. Der Widerspruch in seinem Charakter besteht darin, dass er eigentlich als Verlierer erscheint, aber dennoch in der Lage ist, hoch mysteriöse Kriminalfälle zu lösen. Doch wenn ihr es jetzt bei eurer Figur genau dabei belasst, dann tappt ihr in die Klischeefalle, wie es viele andere Autoren taten. Besonders die Drehbuchautoren Hollywoods übernahmen diese Figur häufig fast unverändert. Lasst euch etwas einfallen, damit diese Figur einen neuen Kontrast enthält. Der Leser soll nicht nach den ersten zehn Seiten sagen können: „Schon wieder solch ein schmieriger Privatdetektiv." Sie dürfen nicht vorhersagen können, wie die Figur in mancher Situation reagieren würde. Bestes Beispiel, in dem das Klischee umgangen wurde, ist der Privatdetektiv Thomas Magnum aus der Fernsehserie „Magnum – p.i.", auch wenn der Ferrari und das Herrenhaus nicht ihm gehören, so lebt er dort und kann den Flitzer benutzen. Vielleicht hat der Detektiv ja einen Schrebergarten und engagiert sich im Kaninchenzüchterverein?

So einfach ist es natürlich nicht. Der Gegensatz sollte prinzipiell schon etwas mit der Handlung der Geschichte zu tun haben und auf diese reflektieren. Was nützt der Schrebergarten als Kontrast, wenn ihm keinerlei Rolle oder Bedeutung zukommt. Anders könnte es sein, wenn das Mordopfer aus dem Kreis der Gartenfreunde stammt und der Detektiv gegen einen ihm nahestehenden Vereinsfreund ermitteln muss. Als freier Detektiv muss oder kann er nicht suspendiert werden wie ein angestellter Ermittler. Er muss selbst entscheiden, ob er ermittelt oder nicht, ob er Spuren verwischt oder nicht. In diesen Konflikt gerät er erst, wenn er in einem engen Verhältnis zu diesem Personenkreis steht, also beispielsweise selbst Mitglied der Schrebergartengemeinde ist.

Alle Widersprüche einer Figur müssen nicht unbedingt in einer einzigen Geschichte aufgezeigt werden. Häufig sind sie ein Mittel, um aus einem ursprünglich einzelnen Roman eine Romanserie zu machen. Sie dienen als Hintergrundhandlung, um von einem

Roman die Fäden zum nächsten Roman zu halten. Ich möchte da nur an Inspector Lynley von Elizabeth George oder an den Privatdetektiv Hartmann von Klaus Stickelbroeck und viele, viele andere erinnern.

Für manche Autoren sind diese Widersprüche und Kontraste erst der Stoff, der eine Geschichte ausmacht. Wer beispielsweise die „SOKO Leipzig" kennt, der weiß, dass die vier Ermittler eigentlich ganz verruchte Gesellen sind. Denn in vielen Folgen ermitteln sie ausschließlich im persönlichen Umfeld. Es gibt kaum einen Fall, in den nicht eine der vier Figuren persönlich verstrickt ist. Der Kontrast geht so weit, dass sie selbst als Polizisten eine gaunerhafte Vergangenheit aufweisen können, auch wenn sie einige Taten unter dem Etikett des „verdeckten Ermittlers" ausgeübt haben.

Anhand der folgenden kleinen Schreibaufgaben sollt ihr Gelegenheit bekommen, euch an das Thema der Figurengestaltung heranzuarbeiten. Dazu braucht es außer einem Stift, einem Notizbuch und etwas Zeit nicht viel.

SCHREIBÜBUNG

Denkt an einen „üblen" Typen aus eurem Umfeld. (Sorry an alle Chefs für diese Pauschalierung, aber oft ist der Chef ein solcher Typ.) Vielleicht kennt ihr auch einen anderen Bekannten, der euch total unsympathisch ist und bei dem euch die Galle hoch kommt, wenn ihr erfahrt, dass er bei einem Treffen oder einer Party dabei ist. Wenn ihr keinen solchen Menschen kennt, dann müsst ihr ihn einfach erfinden. Oder, was sehr einfach wäre, ihr habt eine unsympathische Figur von anderen Schreibübungen. Vielleicht hattet ihr bereits einen „üblen Burschen" ins Auge gefasst? Die Aufgabe besteht jetzt darin, diesem fiesen Typen einige sympathische Züge angedeihen zu lassen. Vielleicht ist er freundlich oder höflich, oder er liebt Tiere? Eurer Fantasie sind keine Grenzen gesetzt. Schafft einen Einbrecher, der während der Urlaubssaison in Luxusvillen die Türen aushebelt und mit dem erbeuteten Geld die Tafeln für die Obdachlosen unterstützt.

SCHREIBÜBUNG

In dieser Übung dreht ihr den Spieß um. Vielleicht habt ihr bereits „gute" Figuren geschaffen? Möglicherweise hat eine solche Figur einen überaus starken Wunsch, den sie sich erfüllen will. Wäre es nicht schön, wenn sich herausstellen täte, dass diese Figur zum Erreichen ihres Zieles sogar „über Leichen" geht, dass sie eigentlich skrupellos ist? **Schafft einen Verbrecher zum Verlieben.**

BUCHTIPP

Passend hierfür gibt es auf dem amerikanischen Markt ein Buch, welches sich anschickt, 45 verschiedene Figuren als Vorlage vorzustellen, die so oder so ähnlich immer wieder in der Literatur vorkommen und mannigfaltig variiert werden können. Wenn ihr euch die Mühe macht, dieses Buch durchzuarbeiten, dann werdet ihr verstehen, wie Figuren gestrickt werden. „45 Master Characters " von Victoria Schmidt (Writers Digest Books, ISBN: 1582975221/ 978-1582975221).

NOTIZEN

_____

_____

_____

_____

_____

_____

_____

_____

_____

_____

_____

_____

_____

Kapitel 7:
Beständigkeit und Entwicklung einer Figur

Kontraste und Widersprüche einer Figur, ihre Ecken und Kanten, lassen sich sofort erkennen, weil sie genau wie bei Menschen an der Oberfläche in der einen oder anderen Situation schnell sichtbar werden. Andere Attribute hingegen, wie Beständigkeit und Fortentwicklung, treten erst in den Blickpunkt, wenn man einen Menschen sehr lange kennt. Das trifft für Figuren genauso zu und kann deshalb genutzt werden, um beim Leser den Eindruck zu erwecken, er würde die Figur schon seit Ewigkeiten kennen. (Hier kommt dem geflügelten Wort von den „gefühlten Ewigkeiten" eine besondere Bedeutung zu, denn dies alles muss innerhalb eines Romans erfolgen, dessen Lesedauer bei jedem Leser anders ist.) Doch bei allen Widersprüchen sollte die Beständigkeit und die stetige Fortentwicklung einer Figur nicht aus den Augen verloren werden.

Besonders bei figurengetriebenen Plots ist die Entwicklung einer Figur das alles bestimmende Element. In handlungsgetriebenen Plots hingegen ist die Fortentwicklung selbst des Protagonisten völlig unerheblich. Ob es sich dabei um den Privatdetektiv Wilsberg aus Münster oder den Specialagent Jack Bauer aus der Fernsehserie „24" handelt: Beide können nicht aus ihrer Haut und von beiden wird kein anderes Verhalten erwartet, als jenes, welches sie an den Tag legen.

Der Charakter eines Menschen wird sich nie von heute auf morgen ändern, jeder Mensch durchläuft eine Entwicklung, in der er zu dem Menschen wird, der er ist. Ins Auge springende Veränderungen treten oft nach extremen Vorfällen und Erfahrungen eines Menschen ein. Nicht anders sollte es sich bei den Figuren in einer fiktiven Geschichte verhalten. Eine plötzliche 180-Grad-Wendung nimmt der Leser den Figuren nicht ab. Es sei denn, die Wandlung vollzieht sich so abrupt wie in der Geschichte um Dr. Jekill und Mr. Hide, in der aber genau diese schnelle Wandlung das Thema der Geschichte ist. Eine Wandlung ist wie im richtigen Leben für jede Figur möglich, wenn sie behutsam vorbereitet wurde. Das geschieht neben all der Widersprüchlichkeit, die eine Figur aufweisen muss, durch die Beständigkeit, mit der sie handelt. Erst diese Beständigkeit in ihrem Handeln lassen die Figur authentisch wirken.

Wie könnte das konkret aussehen? Stellt euch vor, ein Jugendlicher von achtzehn oder zwanzig Jahren geht wie ein Rüpel durch die Straßen, pöbelt immer nur andere Passanten an, drängelt sich an der Kinokasse vor und ist auch sonst immer nur ein richtiger Kotzbrocken. Das geht über mehrere Seiten so. Schließlich geht er eines Abends zu einem Violinkonzert. Ist das glaubwürdig? Würde man dem Jungen abnehmen, dass er Sinn für solche Musik hat, wenn er bislang immer nur anders beschrieben und dargestellt wurde? Wohl kaum. Es sollte also „von langer Hand" vorbereitet werden. Während er mit seiner Clique abhängt und Leute anpöbelt sieht er eine ältere Dame, der es schwerfällt, über die Straße zu gelangen. Kurzerhand geht er auf sie zu, greift ihr unter den Arm und geleitet sie auf die andere Straßenseite. Dort sieht er in einem Schaufenster das Plakat für ein Violinkonzert. Nachdem er sich von der alten Dame verabschiedet hat, wendet er sich dem Plakat zu und studiert es ausgiebig. Als er sich davon wieder abwendet, rempelt er einen Passanten an. Aber anstatt sich zu entschuldigen schubst er diesen an dessen Arm mit den Worten: „Hey, Alter, kannste nich ufpassen, wo de hintrittst?"

Auf diese Weise wird dem Leser bei Einführung des Jugendlichen sofort signalisiert, dass er einen widersprüchlichen Charakter hat. Es gibt zwei Seiten des Jungen, jedoch die rüde Seite wird zunächst die vorherrschende Seite sein. In großen Teilen der Geschichte ist und bleibt der Junge ein Rüpel. Aber dem Leser ist bewusst, wenn sich dieser Junge wandelt, dann wäre es nicht außergewöhnlich. Im Gegenteil, es war doch absehbar. War oder ist es das wirklich? Nicht unbedingt. Der Junge kann bis zum Ende ein Rüpel und voller Widersprüche bleiben. Je nach seiner Rolle in der Geschichte (Haupt- oder Nebenfigur) kann es aber passieren, dass der Leser mit diesem Ausgang nicht zufrieden sein wird.

Speziell die Hauptfigur sollte sich im Verlauf der Geschichte wandeln. Aber nicht abrupt. Dem Leser werden peu-a-peu Hinweise auf ihre zwei Seiten gegeben. Er wird damit nie allein gelassen und die Veränderungen werden keine Überraschung für ihn darstellen. Zumindest nicht, wenn er etwas darüber nachdenkt. Eine solche Veränderung kann im ersten

Moment zwar überraschend wirken, aber im zweiten Moment wird sie auf Grund der zuvor zahlreich gegebenen Hinweise auf die wechselhaften Seiten der Figur plausibel sein. So kann der Leser bei der Figur und bei der Geschichte bleiben.

In Entwicklungsromanen ist diese Wandlung der Hauptfigur der Höhepunkt, obwohl sie nicht unbedingt am Ende stehen muss. Denn eigentlich wird neben der Charakterbeschreibung noch eine Geschichte erzählt. Deren Ausgang wird dann am Ende stehen. Und es kann durchaus interessant und spannend sein, zu erfahren, wie der vom Bösewicht zum Guten gewandelte Protagonist die Probleme meistert und löst.

Ihr müsst euch beim Schreiben also nicht davon abhalten lassen, die handelnden Figuren gegen ihren „Charakter" handeln zu lassen. Es muss nur entsprechend angekündigt sein, um es plausibel erscheinen zu lassen. Gleichzeitig wird mit einer charakterfremden Handlung die Basis für eine grundlegende charakterliche Veränderung der Figur angelegt und ebenfalls für Plausibilität gesorgt.

SCHREIBÜBUNG

 Die Schreibaufgabe basiert auf denen des letzten Kapitels. Dort solltet ihr einen üblen Burschen mit ein paar guten Zügen und umgekehrt einer durchaus guten Person einige negative Eigenschaften versehen.

Knöpft euch eure Figur ein weiteres Mal vor und packt deren widersprüchliche Charakterzüge in eine

kleine Handlung, die den Wechsel und die Zwiespäl-
tigkeit dieser Person hervorheben. Lasst sie mit den
„schlechten" Eigenschaften brillieren und flechtet ein
oder zwei Handlungen ein, die aus den „guten" Eigenschaften resultieren und somit untypisch für diese
Figur sind. Zeigt dem Leser, warum der üble Bursche
die guten Züge hat. Macht die Übung in die Richtung
die euch am besten gefällt: von Gut nach Böse oder
von Böse nach Gut. Tut euch keinen Zwang an, und
falls ein Roman daraus wird, lasst es mich wissen.

BUCHTIPP

*Viele Autoren, besonders aus dem nord-
amerikanischen Raum lassen teilhaben an
ihren Erfolgen, indem sie ihr Wissen und
ihre Erfahrungen über das kreative Schreiben an Interessierte weitergeben. So auch
die Science-Fiction-Autorin Nancy Kress, deren Buch
„Dynamic Characters" ich dieses Mal empfehlen möchte. (Writers Digest Books, ISBN: 1582973199/ 978-
1582973197).*

NOTIZEN

Kapitel 8:
Über die Herkunft von Figuren

Das vorige Kapitel han-
delte davon, dass sich
die Figuren zwar im-
mer weiter entwickeln
(in Abhängigkeit vom
jeweiligen Plot), den-
noch aber eine gewisse

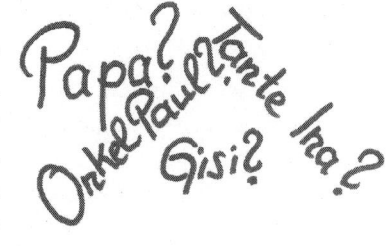

Beständigkeit an den Tag legen sollten. Das heißt, die
Möglichkeit ihrer Entwicklung muss schon im Ansatz
recht frühzeitig erkennbar sein und sie sollten ihrem
Motto trotzdem treu bleiben. Dies Kapitel beschäftigt sich mit der Frage: Wie komme ich eigentlich zu
meinen Figuren? Eine erste Antwort mag zu simpel
klingen, aber wenn ihr mal über eure Figuren nachdenkt, werdet ihr zu dem Schluss gelangen, dass es
tatsächlich so passiert. Sie lautet: Man nehme eine
reale Person und „dichte" ihr etwas an.

Obwohl in der Substanz oft auf eine reale Person zu-
rückzuführen, ist eine Romanfigur dennoch immer
eine erfundene Figur. Je nachdem, wie viel Realität
von dieser Ur-Person noch durchschimmert, hat sie
einen mehr oder minder hohen Wiedererkennungs-
wert. Dabei kann der reale Kern einer neuen Romanfigur durchaus auf die Romanfigur eines anderen Au-
tors zurückgehen. So basieren beispielsweise viele
eigenbrötlerische Ermittler auf der Figur des Philip
Marlowe von Raymond Chandler. Nachteilig dabei ist
insbesondere bei dem genannten Beispiel, dass die

Romanfigur zu klischeebehaftet wirkt. Ein Rückgriff auf Personen im Bekanntenkreis birgt eher die Chance, tatsächlich eine ganz individuelle Figur zu schaffen. Vorausgesetzt, der Bekannte ist kein Promi.

Manchmal ist es ein einziger Charakterzug eines interessanten Menschen, der den Schriftsteller beflügelt, aus ihm eine fiktive Figur entstehen zu lassen. Diesem einen Charakterzug werden viele weitere hinzugefügt, es kommen Marotten hinzu, es wird ein Anzug geschneidert, der nicht nur der Figur, sondern auch der Geschichte, in der sie agiert, passt. Die Entwicklung einer oder mehrerer Figuren einer Geschichte kann sehr viel Zeit in Anspruch nehmen. Es macht manchmal Sinn, für jede Figur separate Blätter mit einem eigenständigen Lebenslauf der jeweiligen Figuren anzulegen. Besonders in dem Moment, wenn eine Figur über eine ganze Romanserie hinweg bestehen soll. Das erfordert Disziplin beim Schreiben dahingehend, dass jeder neue Charakterzug, der dem Autor bei der Geschichte aus den Fingern gleitet, möglichst zeitnah und stichpunktartig in den Lebenslauf der Figur übertragen wird. So gibt es die beste Chance, später erneut auf diese Eigenheit zurückgreifen zu können. Sie gerät nicht in Vergessenheit. Vielleicht ist es euch schon so gegangen, dass sich eine Geschichte verselbständigt, wenn ihr dabei seid, eine Figur zu entwickeln? Das ist durchaus eine legitime Möglichkeit, Geschichten zu bauen. Je mehr ihr in eure Figur eintaucht, alle Aspekte (räumliches Umfeld, Arbeitsumfeld, familiärer Hintergrund, Herkunft nicht nur der Figur, sondern auch seiner Familie etc.) dieser Figur berücksichtigt, umso größer ist die Wahrscheinlichkeit, dass sich eine ganz neue Geschichte ergibt, die Stoff für einen Roman bietet.

Unter Umständen wird solch eine Geschichte nicht für einen eigenständigen Roman genutzt, sondern dient als Parallelhandlung zur Erzeugung von Spannung. Ihr kennt sicherlich Kommissar Wallander von der schwedischen Polizei in Ystad. Mankell hat ein sehr enges und langes Verhältnis zu seiner Figur aufgebaut. Dadurch ist es ihm möglich, über mehrere Romane hinweg eine parallel verlaufende Geschichte aufzubauen, in welcher sich die Spannung aus dem privaten Bereich des Kommissars ableitet. Das hält den Leser gefangen, selbst wenn der einzelne Fall längst aufgeklärt und abgeschlossen ist.

Nun zu der Frage, warum ich als Autor nicht komplett eine reale Person als Figur benutzen sollte. Die Antwort darauf: Das ist sehr mühselig und aufwendig. Wenn die Geschichte wirklich erfunden ist, würdet ihr euch ständig fragen, wie die reale Person reagieren würde. Ihr würdet versuchen, die Geschichte an diese Person anzugleichen und trotzdem würden Zweifel bleiben, ob die Person tatsächlich so reagieren würde. Auch für die Beweggründe, warum die Person so reagiert, gibt es dann weitaus weniger Spielraum. Ihr seid bei der Verwendung realer Personen in der Kreativität eingeengt. Macht aus dieser Person eine wirklich fiktive Figur und es fällt euch leichter, die Ursachen für eine Handlung plausibler zu gestalten. Stellt euch vor, in der Geschichte hat die Figur einen Unfall und begeht Fahrerflucht. Handelt es sich um eine reale Person, so werdet ihr fragen (ggf. in Rücksprache mit dieser Person), ob und warum sie Fahrerflucht begangen hat, um diese Aspekte in die Geschichte einzubauen. Handelt es sich um eine fiktive Figur, so braucht ihr niemanden zu fragen, sondern einfach nur erwähnen, dass beispielsweise

1. die Figur bereits viele Punkte in Flensburg hat oder

2. die Figur nach einem Bankraub auf der Flucht ist oder

3. die Figur kein Blut sehen kann und Angst hat, bei der ersten Hilfe etwas falsch zu machen oder, oder, oder ...

Ihr seht bereits an diesem kleinen Beispiel, dass der Kreativität keine Grenzen gesetzt sind.

Hinzu kommt ein weiterer Punkt, wenn ich an so manchen Gerichtsprozess denke, in welchem Personen nicht damit einverstanden sind, wie sie in Geschichten oder Filmen dargestellt werden. Wenn keine Notwendigkeit besteht, eine reale Person zu nutzen, dann solltet ihr es vermeiden. Selbst in historischen Romanen kann es sinnvoll sein, die Adelsgeschlechter zu erfinden, wie es teilweise Rebecca Gablé oder Iny Lorentz machen. Selbst als schreibender Historiker muss man der Romanhandlung wegen die eine oder andere Figur „verbiegen". Damit das nicht durch reale Urkunden widerlegt werden kann, ist man immer gut beraten, keine realen Personen zu den Hauptfiguren zu machen.

Schließlich und endlich wirkt eine fiktive Figur in ihrer eigenen Geschichte wesentlich authentischer als eine reale Person, die in die Geschichte hineingesetzt wurde.

SCHREIBÜBUNG

Die Übung ist eine für den sommerlichen Biergarten oder das gemütliche Café um die Ecke. Setzt euch mit einem Notizbuch in eine Ecke und beobachtet die Menschen um euch herum. „Greift" euch dann eine Person von der äußeren Gestalt her und macht diese Person zu eurer fiktiven Figur. Dann dichtet ihr dieser Figur all diejenigen Verhaltensweisen an, die die anderen Personen im Café oder Biergarten an den Tag legen. Versucht zu hinterfragen, warum diese Personen so handeln. Warum gestikuliert die Frau am Nebentisch so viel mit den Armen? Warum weint das Mädchen auf dem Schoß seines Opas? Ist das überhaupt ihr Opa? Alles das, was euch dabei einfällt, schreibt ihr eurer fiktiven Figur zu.

BUCHTIPP

Als Buchempfehlung möchte ich sowohl die englische als auch die deutsche Ausgabe eines Klassikers nennen. Es geht um Sol Steins Buch „Stein on Writing"/ „Über das Schreiben", einem Dozenten, der selbst Romanautor ist und viele Jahrzehnte als Lektor für z.B. James Baldwin und Dylan Thomas tätig war (Griffin, ISBN: 0312254210/ 978-0312254216; deutsch: Verlag 2001, ISBN: 3861509083 / 978-3861509080).

NOTIZEN

Kapitel 9:
Wie sollen meine Figuren hei-
ßen?

Wenn wir nun schon
wissen, wie wir an un-
sere Figuren in einer
Geschichte kommen,
müssen wir ihnen
schließlich noch Namen
geben. Deshalb stehen
folgende Fragen im Mit-
telpunkt: Wo kommen die Namen her? Welche Namen können benutzt werden?

Die Namen der handelnden Figuren können bereits
einen Teil ihrer persönlichen Eigenschaften wider-
spiegeln. Bestimmte Namen werden vom Leser, das
wird euch nicht anders gehen, einfach mit Charakter-
eigenschaften assoziiert. Das mag zwar mit Klischees
zu tun haben, lässt sich aber nicht ändern, weil der
Mensch einfach so denkt. Stellt euch vor, ihr lest eine
Satire und die handelnde Figur heißt „Frank Wiesel".
Denkt ihr dabei nicht auch spontan an einen flinken,
jungen Mann? Es gibt jede Menge Beispiele dieser
Art. Ich denke dabei an Namen wie: Frau Permaninkel, Regina Hilden oder Hinnerk Johansen. Na? Habt
ihr dabei auch Bilder im Kopf? Ich sehe eine alte,
vornehme Dame mit hoch aufgesteckten Haaren,
abgespreizten Fingern beim Kaffeetrinken pikiert
über Nachbarn und Bekannte schwatzen. Und ich
sehe eine selbstbewusste Frau und Mutter mittleren

Alters sowie einen Mann in Gummistiefeln und blauem Rollkragenpullover, dessen Haar, welches unter seiner Mütze hervorschaut vom Wind bewegt wird, während das Meer rauscht und die Möwen kreischen.

Es ist immer ein guter Rat, wenn die Namen zu dem Charakter einer Figur passen, denn sie gleichen dem Geschenkpapier, welches erahnen lässt, was darinnen steckt. Mit diesen verschiedenen Möglichkeiten gelangt ihr an einen Namen:

1. Der Name fällt euch einfach so ein, ohne dass ihr nachgedacht habt. Oder ihr denkt an euern Bekannten- und Freundeskreis. Letzteres könnte allerdings dazu führen, dass ihr zu sehr eine konkrete Person vor euch seht, die sich dann betroffen zeigt, wenn ihr ihr etwas „angedichtet" habt. Dann macht lieber aus den beiden Freunden Bettina Meissner und Frank Schulz Bettina Schulz und Frank Meissner. Diese Methode ist natürlich begrenzt, euer Bekanntenkreis wird nicht in dem Maße wachsen wie die Anzahl Figuren in euren Geschichten.

2. Nehmt euch ein Telefonbuch zur Hand und lasst den Zufall entscheiden. Ihr müsst nicht den erstbesten Namen wählen, schaut euch ruhig einige Namen an und entscheidet dann, welcher am besten zu eurer Figur passt.

3. Eine sehr oft praktizierte Methode ist die mit dem Atlas. Ortsnamen eignen sich hervorragend für Nachnamen von Menschen. Das ist in der Realität nicht anders, aber viel mehr noch haben diese Namen einen gewissen Klang: Jenny Berlin, Lutz Benrath, Regina Hilden, Walther Schönefeld

oder Luise Straubing. Keine Scheu: einfach mit dem Finger auf die Deutschlandkarte zeigen und schon hagelt es Namen. (Funktioniert natürlich auch in jedem anderen Land, falls ihr es mit ausländischen Figuren zu tun bekommt.)

4. Eine weitere Möglichkeit besteht in dem Rückgriff auf Namensbücher. Der Buchhandel bietet eine große Zahl aus unterschiedlichen Verlagen an. Teilweise mit aktuellen Hitlisten ausgestattet, könnt ihr hier ganz nah an der Zeit schreiben. Aber vergesst nicht: was einmal ein Hit war, ist zu einer anderen Zeit vielleicht altmodisch. Dies bringt allerdings einen nutzbaren Nebeneffekt. Mit einem Namen wird das Alter der Figur oder die Zeitepoche, in der die Geschichte spielt, signalisiert.

Für den Fall, dass ihr euch zu Beginn einer Geschichte nicht auf einen Namen festlegen könnt, kann ich die Arbeit mit Platzhaltern beziehungsweise Dummies empfehlen. Lasst eure Figuren einfach AAA, BBB oder CCC heißen. Damit könnt ihr die Geschichte zunächst vorantreiben und die einzelnen Gestalten unterscheiden. Später ist der Austausch gegen einen richtigen Namen mit der „Suchen und Ersetzen"-Funktion der Textverarbeitung kein Problem.

SCHREIBÜBUNG

Schlagt ein Telefonbuch auf, wahllos zeigt ihr auf einer beliebigen Seite mit dem Bleistift auf irgendeinen Namen. Jetzt beginnt, ausgehend vom Namen, die Entdeckung einer neuen Figur. Beschreibt, wie diese

Figur wohl sein könnte. Welchen Charakter könnte sie haben? Wie sieht sie aus? Welche Eigenarten sind ihr inne? Hat sie Macken? Wie spricht sie? Übrigens, je mehr ihr von dieser Person schreibt, umso eher entwickelt sich daraus eure nächste Geschichte. Stellt euch nur mal vor, eure Figur, deren Name zufällig im Telefonbuch stand, hat einen riesengroßen Wunsch, den sie sich erfüllen möchte.

BUCHTIPP

 *Als Buchempfehlungen für die Namensfindung habe ich gleich zwei für euch. Gerne möchte ich „Duden – Das große Vornamenlexikon" (Bibliographisches Institut, ISBN: 978-3411060832) und „Duden – Lexikon der Familiennamen" (Bibliographisches Institut, ISBN: 978-3411731114) nennen. In dem ersten Buch werden ca. 8.000 Vornamen und im zweiten 20.000 Familiennamen genannt. Dazu gibt es Hinweise zur Entstehungsgeschichte und zu prominenten Persönlichkeiten, die den einen oder anderen Namen daraus tragen. Diese Hinweise können dienlich für den Charakter sein, der von der Figur verkörpert wird.*

NOTIZEN

Kapitel 10:
Romanfiguren mit einem Inhalt füllen

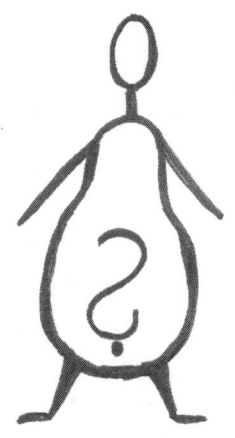

Figuren, besonders in Romanen, sind sehr komplex. Deshalb werde ich in diesem Kapitel mit dem inhaltlichen Ausfüllen einer Romanfigur beginnen. Abgesehen davon, dass so manche Figur, meist ist es der Protagonist, überhaupt den Grund für das Entstehen einer Geschichte liefert. So sollte bei jeder anderen Figur in der Geschichte von einer lebensnahen Figur ausgegangen werden, sozusagen von einem Menschen, der neben einem steht. Selbst bei Fantasy- oder Tiergeschichten wird in dieser Hinsicht keine Ausnahme gemacht, auch deren Emotionen entsprechen denen von Menschen, damit der Leser sich mit ihnen identifizieren kann.

Ein Kollege äußerte einmal in einem Gespräch, er wundere sich, dass mein Protagonist wie ein Mensch von der Straße redet. Seiner Meinung nach wären Protagonisten ganz besondere fiktive, und somit übermenschliche, Gestalten. Jedoch James N. Frey spricht in diesem Zusammenhang immer von zwei Arten von Menschen: dem homo sapiens und dem homo fictus, wobei der fiktive Mensch (also die Figur) wesentlich einfacher gestrickt ist und nur die Eigenschaften und

Attribute erhält, die er für das Erzählen der Geschichte benötigt. Immerhin können ihn diese Eigenschaften wesentlich komplexer und komplizierter als so manchen Menschen machen. Trotzdem muss er für den Leser so greifbar nah sein, als wäre es der Nachbar von nebenan. Andernfalls würde ein Leser das Buch zuklappen und die Geschichte aus der Hand legen. Auch Orson S. Card beginnt sein Buch (siehe am Ende des Kapitels) wie folgt: „Die Figuren in deiner Geschichte sind Leute, es sind Menschen. Ja, ich weiß, du hast sie erfunden. Aber die Leser möchten, dass deine Figuren so wirken, als wären sie real. Sie wollen sie so kennen, als wären es ihre Freunde, ihre Familie, so wie sie sich selbst kennen. Nein – eher, als würden sie sie viel besser als jede andere lebende Person kennen."

Dies wird mit der gezielten und präzisen Auswahl von Eigenschaften aus der Summe der Eigenschaften aller Menschen erreicht. Dabei kann sich der Autor vordergründig anhand von vier Hauptkategorien orientieren:

- Äußere Erscheinung: Sie ist informativ und kann Erwartungen wecken. Auftreten, Aussehen und Präsenz einer Figur verraten einiges über Einstellung und Charakter des Menschen und der Figur. (Ein Achtzehnjähriger, der in seiner Clique Anzug trägt, ist etwas Besonderes. Jeder Leser erwartet, dass mit diesem Jungen etwas geschieht.)

- Hintergrund: In welchem Umfeld und in welcher Familie ist die Figur aufgewachsen? Menschen werden durch ihre Geschichte geprägt. Das ist bei fiktiven Personen selten anders, nur macht es hier nicht das wahre Leben sondern der Autor durch Selektion. Auch wenn der Hintergrund keinen unmittelbaren Einfluss auf die Geschichte ausübt, wirkt die Figur authentischer und ihr Verhalten mag dem Leser plausibler erscheinen.

- Persönlichkeit: Sie ist das Endergebnis von dem, was die Figur war (Hintergrund) und ist (äußere Erscheinung). Dabei sollten Fragen beantwortet werden, die da lauten: Wie denkt die Figur? Hat sie Hoffnungen? Hat sie Wünsche? Was ist ihr unangenehm? Was ist ihr peinlich? Worüber freut sie sich?

- Selbstbild: Wie sieht die Figur sich selbst? Was denkt sie über sich selbst? Mit wem oder was identifiziert sich die Figur? Jeder Mensch hat von sich ein anderes Bild als die Menschen um ihn herum von ihm haben.

Es ist ein großer Unterschied, ob es sich bei den Figuren um Hauptpersonen oder Nebengestalten handelt. Bei den Hauptfiguren kann ihre Beschreibung selbst schon ein dickes Buch füllen und ihr werdet feststellen, falls es nicht schon längst bei einer der letzten Übungen in diesem Buch geschehen ist, dass sich beim Entwickeln einer Figur unterschiedlichste Konturen einer Geschichte abzeichnen. Die Nebenfiguren müssen nicht so ausführlich ausgearbeitet sein, aber es sollten einige Stichpunkte zu ihnen auf einem separaten Blatt stehen. Es macht sich immer gut, wenn die „Lebensläufe" in einer Art Karteikasten festgehalten sind. Wenn man als Autor seinen Protagonisten zwar ganz genau kennt, kann es doch immer wieder mal passieren, dass man ihn plötzlich mit blauen Augen versieht, obwohl er einige Kapitel zuvor mit grauen Augen beschrieben wurde. Oder, was bei langjährigen existierenden fiktiven Personen häufiger vorkommt: Sie haben scheinbar zwei verschiedene Alter. Wie gut ist es da, einen Karteikasten zu haben, um nachschauen zu können. Wenn Nebenfiguren zwar nicht so detailliert ausgearbeitet sind, haben sie doch ein kleines Kärtchen und sollten bei ihrem ersten Auftreten, selbst wenn es sich um den Postboten handelt, eine bleibende Erinnerung hinterlassen. Sie mögen noch so unbedeutend sein, geben sie doch ein besseres Bild ab, wenn der Leser sie sich vorstellen kann.

Letztendlich gibt es keine einzige Frage, die ihr euren Figuren nicht stellen dürft. Jede ist erlaubt und erfordert eine Antwort. Auf die Karteikarte gehört die Antwort in jedem Fall. Ob sie in die Geschichte soll oder muss, hängt von der Geschichte ab.

SCHREIBÜBUNG

Bildet zu jedem der o.g. vier Punkte drei bis fünf Fragen für eure „Karteikarten". Geht dann hinaus in die Welt, beobachtet einen Menschen, den ihr nicht kennt. Beschreibt ihn. Lasst ihn zu einer Figur werden. Wenn ihr euch traut, sprecht ihn an und interviewt ihn. Wenn nicht, dann müsst ihr euch all die Fragen selbst stellen und die Lücken mit eurer Fantasie füllen.

BUCHTIPP

Zum Thema möchte ich erneut ein Buch aus dem amerikanischen Verlag Writers Digest Books empfehlen. Es handelt sich um "Elements of Writing Fiction - Characters & Viewpoints" von Orson Scott Card (ISBN: 978-0898799279), in welchem beschrieben wird, was Figuren sind, was gute Figuren auszeichnet, wo sie herkommen. Ein großer Abschnitt befasst sich mit dem Bauen einer Figur, angefangen von der Geschichte, die erzählt werden soll, über die Hierarchie bis hin zur Feinjustierung in allen Details. Ein letzter Abschnitt beschreibt, wie ein Autor seine Figuren agieren lässt. Spricht er von ihnen in erster Person oder in dritter.

NOTIZEN

_____

_____

_____

_____

_____

_____

_____

_____

_____

_____

_____

_____

Kapitel 11:
Figuren auftreten lassen

Die Figuren mit Inhalt zu füllen ist die Grundlage dafür, dass sich der Leser mit ihnen identifizieren kann. Ebenso wichtig ist es, wie die Figuren die Bühne betreten. Schließlich soll der Leser das Gefühl haben, mit den Figuren auf „Du und Du" zu stehen. Nebenbei ist es einfach schön, wenn man als Autor merkt, dass die Figuren in den Köpfen der Leser „hängen" geblieben sind.

Zunächst sei nochmal darauf hingewiesen, dass nicht alle Figuren eine detaillierte Vita, einen komplexen Lebenslauf benötigen. Hauptfiguren müssen ihn haben, Nebenfiguren kommen mit Sprenkeln davon aus. Wenn zu allen Figuren entsprechend ausgearbeitete Lebensläufe existieren, ist es immer gut, auf sie zurückgreifen zu können. Wenn ihr dem Leser die Figuren vorstellt, dann werden nicht gleich alle Punkte auf einmal genannt. Besonders bei der Präsentation der Figuren solltet ihr auf die richtige Mischung an Informationen über Haupt- und Nebenfiguren achten. Die Ausgestaltung des Auftretens der Figuren, ist euer Stil. Es gibt zwei Möglichkeiten. Entweder wird dem Leser erzählt, um was für eine Figur es sich handelt. Oder es wird dem Leser gezeigt, was es für eine Figur ist. Empfehlen würde ich die Zeigen-Methode, weil sie wesentlich subtiler wirkt, der Leser sofort ein Bild vor Augen hat und er sich eine solche Figur viel besser merken kann. Höchstwahrscheinlich wird er sie sich merken, ohne sich dessen bewusst zu sein.

Nun jedoch zwei Beispiele, damit ihr seht, worin der Unterschied liegt. Vielleicht lasst ihr euch diese Beispiele vorlesen und hört sie euch mit geschlossenen Augen an.

Erzählen: Britta ist eine Nörglerin und hat am Essen immer etwas auszusetzen.

Zeigen: Schließlich kam, was ich von Britta nicht anders erwartet hatte. Sie rief den Kellner zu sich heran und machte ihm eine Szene über das angeblich schlechte Essen. Dann ließ sie es gar in die Küche zurückgehen.

Hier ein zweites Beispiel.

Erzählen: Robert ist etwas verträumt und muss öfters gestupst werden, bevor er sich ins Zeug legt.

Zeigen: Nicht zum ersten Mal ließ Robert den frisch gebrühten Kaffee kalt werden, weil er damit beschäftigt war, von seinem Schreibtisch aus die Passanten unten auf der Straße zu beobachten.

An den Beispielen ist erkennbar, dass der Charakter einer Figur viel bildhafter rüber kommt, wenn man vor seinem geistigen Auge sieht, was diese Figur macht. Aus der Tätigkeit, wie sie es macht oder überhaupt, dass sie es macht, schließt der Leser leicht auf die Eigenschaften der Figur, ohne dass sie ihm besonders aufdringlich erzählt wurden. Außerdem besteht die Gefahr beim Erzählen darin, dass ein Autor schnell auf Attribute verfällt. Und Attribute lassen voreilig in eine Klischeefalle tapsen.

Hier noch einige Fragen, die ihr euern Figuren stellen solltet:

- HANDLUNG – Wie verhält sich die Figur in bestimmten Situationen? Wie reagiert sie, wenn sie stinksauer ist? Was macht sie, wenn sie sich freut?

- SPRACHE – Was sagt eine Figur und wie sagt sie es?

- AUFTRETEN und ÄUSSERES – Welchen Eindruck macht eine Figur auf den ersten Blick?

- GEDANKEN – Was denkt die Figur, wenn sie schon in Gegenwart der anderen nicht darüber sprechen kann?

SCHREIBÜBUNG

Ich bin mir sicher, ihr habt schon so viele Geschichten geschrieben und dabei Figuren vorgestellt. Deshalb müsst ihr jetzt nicht gleich eine neue Geschichte schreiben. Nehmt euch eine ältere wieder zur Hand. Am besten eine, in der bereits Figuren vorgestellt wurden. Geht die Passagen durch, mit denen ihr die Figuren dem Leser bekannt macht. Wenn es erzählt ist, dann sucht nach einer Tätigkeit, die die Figur ausüben könnte, damit ihre Eigenschaften gezeigt werden. Vielleicht in der Art: „Der Schrei kam so überraschend, dass er glattweg vergaß, den Kopf einzuziehen, wie er es sonst gewohnt war, und ihm anschließend die Tränen aus den Augen schossen wegen des Aufpralls."

BUCHTIPP

 *Zum Thema möchte ich von Christa und Emil Zopfi das Buch „Wörter mit Flügeln: Kreatives Schreiben" aus dem Zytglogge-Verlag (ISBN: 978-3729605053) empfeh-len. Das Autorenpaar geht darauf ein, Ide-en und Geschichten in Worte zu fassen und einen ganz persönlichen Schreibstil zu finden, mit der Sprache zu experimentieren und neue Ausdrucksformen zu entde-cken.*

NOTIZEN

Kapitel 12:
Der Plot - ein Baukasten für Geschichten?

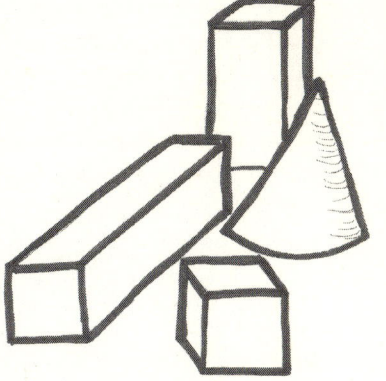

Bislang ging es in den letzten Kapiteln um die Figuren in einer Geschichte und deren Präsentation. Wie treten sie in einer Handlung auf? Wie bleiben sie den Lesern im Gedächtnis? Mit diesem und den folgenden Kapiteln möchte ich mich dem Thema der Plots, also den Handlungsrahmen, widmen.

Im kreativ-künstlerischen Handwerk, dazu zählt das Schreiben, ist es so, dass der Künstler alle Freiheiten genießt und sich an keine Regeln halten muss. Ich bin der Meinung, um irgendeine Regel aus künstlerischen Gründen nicht zu befolgen, muss der Künstler dennoch wissen, dass es diese Regel gibt. Dazu gehört das Wissen um den Plot und seine Regeln. Zumal kein Autor sagen kann, er arbeitet ohne Plots. Ob er bewusst oder unbewusst damit arbeitet, ist egal, er arbeitet in jedem Fall mit Plots, denn ohne eine Handlung ist eine Geschichte nichts. Es lohnt nicht, sie auch nur anzuschauen.

Der Plot gibt einen Rahmen vor, in welchem eine Geschichte abläuft. Der Unterschied zur Realität besteht darin, dass der Plot zielgerichteter abläuft. Nichtsdestotrotz wird er der Realität entnommen beziehungsweise ist an sie angelehnt. Das wahre Leben kann zwar äußerst interessant sein, aber ob es mit all seinen Phasen eine spannende Geschichte ist? Häufig ist es so, dass das Kennenlernen neuer Menschen interessant ist. Wenn ich jedoch durch die Altstadt von Düsseldorf gehe, begegnen mir hundert neue Menschen, die ich noch nie zuvor gesehen habe, aber von Spannung kann keine Rede dabei sein. In den 1960er/1970er Jahren gab es in der Filmindustrie Experimente, das reale Leben auf den Film zu bannen. Dabei wurde eine Filmkamera auf einen Platz in einer Großstadt gestellt und 24 Stunden lang das Geschehen gefilmt. Ihr könnt es euch denken: diese Filme waren und sind stinklangweilig. Mittlerweile gibt es Filmdokumentationen, die beispielsweise die Stadt Berlin für eine Dauer von 24 Stunden aufzeichnen. Dabei wird aber der Kamerastandpunkt gewechselt, die Orte werden gewechselt, unterschiedliche Episoden aus der Stadt werden erzählt, die im Verlaufe von 24 Stunden stattfinden. Diese Dokumentation wird über den gesamten Zeitraum hinweg nicht langweilig. Der amerikanische Schriftsteller Elmore Leonard („Man nannte ihn Hombre") hatte einmal gesagt: „Ein Plot ist wie das wahre Leben, wenn man nur alle langweiligen Bestandteile des Lebens daraus streicht." Dieser Satz trifft es auf den Punkt.

Ein Plot hat bestimmte Zutaten. Hierzu gehören die Figuren (Protagonist, gegebenenfalls Antagonist, Nebenfiguren), eine zentrale dramatische Frage (der in anderen Kapiteln genannte Wunsch), die am Ende der Geschichte mit „ja", „nein" oder in selteneren Fällen mit „vielleicht" beantwortet werden muss und viele Konflikte zwischen den agierenden Figuren, die das Interesse des Lesers immer wieder aufs Neue anfachen und ihn unterstützen, sich mit der einen oder anderen Figur zu identifizieren.

Es gibt verschiedene Methoden, an einen Plot zu gelangen. Manche Schriftsteller bevorzugen, einen solchen Handlungsrahmen zuerst zu skizzieren, andere wiederum beginnen mit einer Figur, wahrscheinlich der Hauptfigur, und im Laufe des Kennenlernens und Beschreibens dieser Figur entwickelt sich ganz eigenständig der Plot. Letzteres ist der Grund, warum manch ein Autor mit Plots arbeitet, ohne es zu wissen. Eines aber ist auch der konstruierte bzw. skizzierte Plot nicht: ein Formular, welches lediglich ausgefüllt werden muss und keinen Spielraum für Kreativität lässt. In meinen Workshops erarbeiten die Teilnehmer oft gemeinsam einen Plot und schreiben daraufhin sehr, sehr unterschiedliche Geschichten.

SCHREIBÜBUNG

Die Schreibaufgabe ist eher eine Leseaufgabe. Versucht einmal aus den letzten drei Geschichten, die ihr gelesen habt (Kurzgeschichten oder auch Romane) die oben genannten Zutaten herauszufiltern. Nehmt euch dazu Block und Bleistift und schreibt die Figuren, Konflikte und die zentrale Frage heraus. Wenn ihr die Texte von vorne nach hinten dabei durchgeht, bekommt ihr auch die Reihenfolge des Auftretens der einzelnen Zutaten.

BUCHTIPP

 Zum Thema passt das Buch von Ronald Thomas: „20 Master Plots and how to build them", welches bei Writers Digest Books (ISBN: 978-0898795950) erschienen ist. In diesem Buch werden die Plots auf zwanzig verschiedene Muster zusammengefasst und jedes dieser Muster ist ausführlich beschrieben mit den Details, auf die es im Besonderen ankommt: Einleitung, Aufbau der Konflikte, Auflösung, Ausblick und abschließend jeweils eine Checkliste.

NOTIZEN

Kapitel 13:
Der Plot und sein Aufbau

Der Aufbau eines Handlungsrahmens sieht zunächst ziemlich banal aus und jeder von euch mag vielleicht denken, das ist doch klar. Doch leider sehe ich immer wieder Manuskripte, bei denen diese einfachen Regeln nicht beachtet wurden.

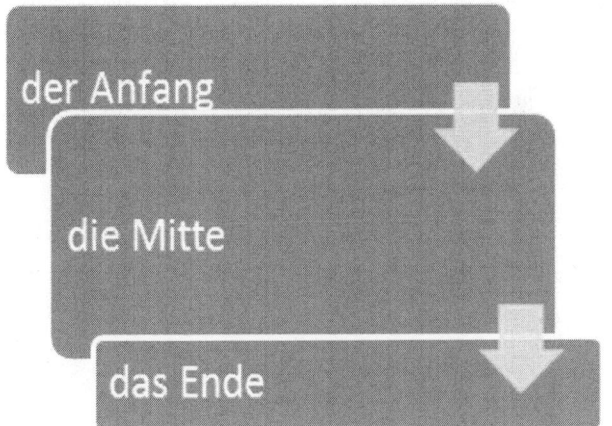

Abbildung 1: Einfacher Plot

Für die Größe dieser drei Teile eines Plots möchte ich keine Seiten- oder Zeichenzahlen nennen, denn das hängt vom Umfang der gesamten Geschichte ab. Aber das Verhältnis der Kästchen zueinander kann einen Anhaltspunkt bieten.

Jeder Portion eines Plots wird eine besondere Obliegenheit zuteil. Der Anfang hat die Aufgabe, den Leser in die Szenerie einzuführen. Es werden Orte, Zeiten, Personen beschrieben (oder besser noch: gezeigt), mit denen es der Leser in dieser Geschichte zu tun bekommt. Aus den Märchen ist allen von euch das berühmte „Es war einmal ..." bekannt. Das soll und muss natürlich nicht so klischeehaft geschehen. Es spricht nichts dagegen, den Leser mit dem ersten Satz sofort in das aktuelle Geschehen zu versetzen. Dann beginnt der Anfang halt nach dem ersten Satz. Andersherum gesagt, kann auch das aktuelle Geschehen, ein erster Konflikt in die Szenerie einführen. Es müssen nicht alle, später auftretende Figuren genannt werden wie in einer Aufzählung. Nebenfiguren kommen an gegebener Stelle hinzu. Der Anfang eines Plots kann durchaus einen größeren Umfang einnehmen, sollte aber nie so groß oder größer als die Mitte sein, in der sich alles abspielt. In einem solchen Fall würde der Leser das Buch wahrscheinlich gleich zu Beginn vor Langeweile zuschlagen. Spätestens am Ende des Anfangs sollte für den Leser geklärt sein, worum es geht, welches Ziel der Protagonist verfolgt.

In der Mitte spielt nun die Musik. Hier geht es um die Konflikte, um die Hindernisse, die Steine, die dem Protagonisten in den Weg gelegt werden, sein Ziel nicht zu erreichen. Immer wieder, wenn sein Ziel in greifbarer Nähe ist (was vielleicht nicht für den Protagonisten selbst, aber für den Leser erkennbar ist), tritt ein neues Problem auf und rückt ihn in unendliche Ferne von seinem Ziel (und der Leser denkt: sch

... ade). Die Mitte bildet also die Berg-und-Tal-Fahrt für die Hauptfiguren und die Leser zugleich und nimmt deshalb den größten Teil der Geschichte ein.

Das Ende eines Plots und einer Geschichte ist der Höhepunkt, der stärkste Konflikt für den Protagonisten, sein größtes Problem und dessen Auflösung. Es kommt zum „show down". Das Ende kann manchmal in einem einzigen Satz bestehen. Will heißen, es ist in der Regel sehr knapp gehalten. Je nach dem behandelten Stoff kann es mit einem kleinen Ausblick versehen werden. Beispielsweise, was aus den Leuten später geworden ist. Der Ausblick kann in gleicher Weise genutzt werden, um mit nur einer offen stehenden Frage die Grundlage für eine Fortsetzung zu legen.

Dieser einfache Plot wird nun je nach Umfang der Geschichte mehrfach angewendet. So wird eine umfangreiche Handlung mit Parallel- und Nebenhandlungen konstruiert und nicht wenige Autoren sagen, dass dieses Konstruieren den meisten Spaß beim Schreiben macht.

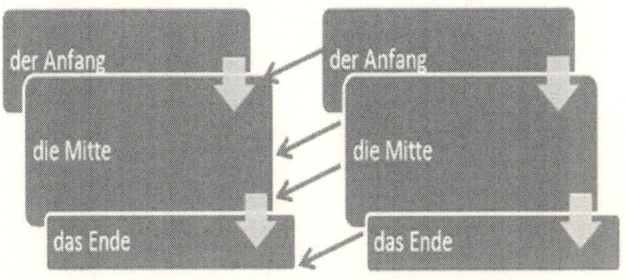

Abbildung 2: Haupt- und Parallelhandlung

Bei der parallelen Handlung werden die Szenen der beiden Plots abwechselnd nacheinander zusammengefügt, wobei das Ende häufig zu einem gemeinsamen Ende verschmilzt. „Drop City" von T. C. Boyle ist ein hervorragendes Beispiel hierfür.

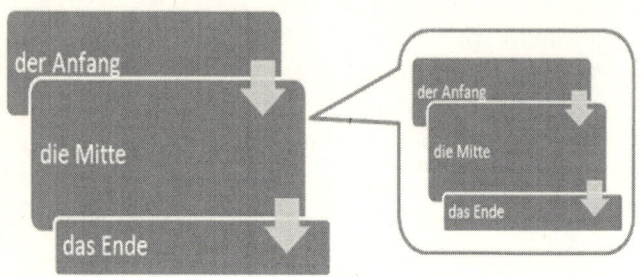

Abbildung 3: Nebenhandlung und Rückblenden

Nebenhandlungen und Rückblenden werden genauso geplottet wie die Haupthandlung und bekommen einen Anfang, eine Mitte und ein Ende. Während bei Rückblenden das Ende durchaus im Anschluss an deren Mitte aufgelöst werden kann, wird dies bei Nebenhandlung eher vermieden. Da wird die Auflösung des Nebenplots besser nicht sofort genannt, schließlich ist der Leser begierig darauf, das Ende zu erfahren. Doch warum sollte ein Autor dem Leser es so einfach machen und ihm immer gleich die passende Lösung präsentieren? Denn schließlich ergibt sich aus der Arbeit mit den Plots der Vorteil, modular arbeiten zu können und dennoch den Überblick zu behalten. Wenn der Plot zu Beginn aufgeschrieben wurde, zum Beispiel auf Karteikarten, dann kann man diese Karten hervorragend in eine andere Reihenfolge bringen. Selbst, wenn der Rahmen, denn was anderes ist der Plot ja nicht, mit Handlung gefüllt worden ist, können die Karten neu gemischt werden, um die Geschichte in eine spannendere Konstellation zu bringen. Nach einer Neuordnung sind nur noch die Schnittstellen, die Ecken, die Anschlüsse der einzelnen Module zu justieren.

SCHREIBÜBUNG

Nehmt euch fünf Karteikarten oder fünf Blatt Papier zur Hand. Auf die erste Karte oder das erste Blatt fixiert ihr einen Anfang: Ort, Zeit, Figur und ihr Ziel. Auf den Karten zwei bis vier für die Mitte schreibt ihr jeweils ein Hindernis, welches die Figur davon abhält, ihr Ziel zu erreichen.
Die fünfte Karte dient dem Ende und beantwortet die Frage, ob die Figur ihr Ziel erreicht oder nicht, warum so und nicht anders.

BUCHTIPP

Das große Buch zu den Plots hatte ich bereits genannt. Deshalb ist nun Gelegenheit für ein ganz besonderes Buch. Es handelt sich um das Buch von Raymond Queneau: „Stilübungen", welches in der Bibliothek Suhrkamp (ISBN: 978-3518224199) erschienen ist. In diesem Buch wird eine einzige kurze Geschichte (halbe Seite, zwei Absätze) erzählt. Aber diese Geschichte wird gleich 98 Mal erzählt, jeweils in einem anderen Stil, z. B. als Reportage, als amtlicher Brief, als Klappentext, als Traum, als Haiku, als Ode und und und ...

NOTIZEN

Kapitel 14:
Der Plot – seine Typen (nach R. Tobias)

Im vorigen Kapitel ging es um die Strukturen eines Plots, wie man seine Teile separiert betrachten und bearbeiten kann. Das Buch von Ronald Tobias hatte ich bereits empfohlen, dennoch möchte ich in diesem Kapitel auf das Buch zurückkommen und anhand dessen einen kleinen Überblick über die Plot-Typen geben.

Wie alles beim kreativen Schreiben dürft ihr keine Regel als Gesetz nehmen, außer der deutschen Rechtschreibung und Grammatik. Selbst diese lassen viele Alternativen zu. So sind die einzelnen Plot-Typen nicht starr zu sehen und es gibt vielfältige Mischformen. In einem Genre schreiben, heißt nicht, dass man sich an einen bestimmten Typ bindet. Ein Krimi hat nicht zwangsläufig immer denselben Plot, allerdings wirken bei dem Krimihype in Deutschland manche Plots schon inflationär.

„**Die Suche**" ist ein häufig genutzter Plot, nicht nur im Abenteuergenre. Es geht um die Suche nach irgendetwas, nach dem Heiligen Gral, nach den Wurzeln in der Familie etc. Das Besondere bei diesem Plot: der Protagonist durchläuft eine Entwicklung. Er muss am Ende der Geschichte ein anderer Mensch sein, ansonsten handelt es sich nicht um den „Suche"-Plot.

„Das Abenteuer" entspricht fast vollkommen der Suche mit dem wesentlichen Unterschied, dass der Protagonist keine Entwicklung durchläuft (siehe „Indiana Jones").

Der Fokus des Geschichtenerzählers liegt in beiden Plots an ganz anderer Stelle. Äußerlich kann die Geschichte in dem völlig gleichen Genre angesiedelt sein. Aber dieser Schwerpunkt, den der Autor beim Schreiben legt, ist von ganz besonderer Wichtigkeit. Er bestimmt damit, ob eine Geschichte handlungs- oder figurengetrieben ist. Bei letzteren stehen die handelnden Figuren im Mittelpunkt, ihre Entwicklung. Im ersten Falle sind es die Handlungen, die Action, die die Geschichte vorantreiben und interessant machen. Das heißt nicht, dass die handlungsgetriebenen Geschichten keine interessanten Figuren beinhalten. Dann würde es einen Indiana Jones oder Harry Potter nicht geben. Die Figuren sind unabhängig davon, ob sie sich während der Geschichte weiterentwickeln oder nicht, immer der Grund, warum sich ein Leser oder Zuschauer von der Geschichte angezogen fühlt. Der Leser möchte sich mit ihnen identifizieren, möchte in ihre Haut schlüpfen, mit ihnen mitfühlen können. Diese beiden Schwerpunkte beim Schreiben sind ein Grund dafür, warum verschiedene Autoren bei Verwendung desselben Plots komplett unterschiedliche Geschichten erzählen.

Bei der „**Jagd**" als Plot geht es um die Verfolgungsjagd nach einer Person. Dieser Plot ist handlungsgetrieben und die Verfolgung an sich steht im Mittelpunkt, nicht die Figuren.

„**Die Rettung**" ist ein komplexer Plot, bei dem der Held etwas sucht und dabei einen Bösewicht jagt. In Krimis könnte es also eine Kindesentführung sein. In diesem Plot wird der Protagonist ganz bewusst mit einem Antagonisten als Gegenspieler konfrontiert.

Auch „**die Flucht**" kann handlungsgetrieben sein, bei der der Protagonist und Held gleichzeitig das Opfer ist, welches sich auf der Flucht befindet.

„**Die Rache**" hingegen wird oft als Figurenplot eingesetzt, bei der sich der Rächende schließlich entscheidet, dem Bösewicht nicht wirklich Schlimmes anzutun.

Der „**Rätsel**"-Plot animiert den Leser, schneller ein Rätsel zu lösen als der Protagonist. Könnt ihr Sherlock Holmes oder Miss Marple erkennen?

Auf die Suche nach irgendetwas können sich auch gleichzeitig zwei Personen machen, so wird daraus der „**Rivalen**"-Plot. Protagonist und Antagonist sind nicht wirklich in „Gut" und „Böse" zu unterteilen. Aber in Bezug auf die Suche sind sie halt Gegenspieler. Dies ist ein sehr häufig verwendeter Plot und kommt bereits in der Bibel vor: Kain und Abel. Es gehören aber auch die „Meuterei auf der Bounty" und Hemingways „Der alte Mann und das Meer" dazu, was zeigt, dass es sich nicht immer um zwei Menschen handeln muss.

Eine Form des „Rivalen"-Plots ist „**Der Außenseiter**" (Underdog) getreu dem Motto: der Schwächere gewinnt. Zu sehen und zu lesen: das Märchen vom Aschenputtel oder der Kampf um den Sieg im Ring bei „Rocky".

Schließlich möchte ich noch kurz den figurengetriebenen Plot „**Die Verführung**" skizzieren. Hier geht es
um Motive, Bedürfnisse und Impulse, die sich nicht
unbedingt in aktionsreichen Handlungen aufzeigen
lassen. Sie werden viel subtiler in der Gedanken-
welt eines Protagonisten abgebildet. Stellt euch vor,
der Protagonist bringt einige Kilos auf die Waage,
hat sich vorgenommen abzunehmen und ist ein Le-
ckermäulchen, dem gerade wieder eine Torte vor die
Nase gesetzt wird.

SCHREIBÜBUNG

Holt euch einen Kelter-Roman, am besten
ein Heft mit drei Romanen. Genre ist egal:
Western, Fantasy, Liebe. Die Geschichten
sind jeweils nur 64 Seiten lang. Die Kelter-
Romane gelten zwar umgangssprachlich
zu den Groschenromanen, haben aber
Millionen von Lesern. Hier zur Übung eig-
nen sie sich sehr gut zur Analyse. Lest jede Geschichte und versucht, sie einem der genannten Plot-Typen
zuzuordnen. Ich nenne Kelter wegen der Kürze der
Geschichten, genauso gut könnt ihr die Romane von
Markus Heitz oder Wolfgang Hohlbein unter die Lupe
nehmen. Das dauert nur etwas länger.

BUCHTIPP

In einem meiner früheren Kapitel hatte ich bereits James N. Frey empfohlen. Doch mein Tipp gilt nun dem 2. Band „Wie man einen verdammt guten Roman schreibt, Bd.2", der, wie schon der erste Band, beim Emons Verlag erschienen ist und die ISBN 978-3897051287 hat.

NOTIZEN

Kapitel 15:
Auf die Sichtweise kommt es an

Nachdem ihr nun wisst, wie sich die Plots kategorisieren lassen, könnt ihr gut erkennen, dass diese Kategorien im weiteren Sinne meist das Genre ergeben. Die Verlage werden dies benutzen, eine Zielgruppe zu definieren und der Buchhändler, um das Regal zu finden, in welches er das Buch dann stellen kann. Die Einteilung in eine Kategorie kann bereits für die Erzählweise in der Geschichte von Bedeutung sein, für das Lesevergnügen des Lesers. Wie der Plot-Typ mit der Erzählweise einer Geschichte zusammenhängt, möchte ich nun erläutern.

Zunächst einmal gilt es Fragen zu beantworten. Wer spricht in der Geschichte? Wer erzählt sie dem Leser? Ist es eine handelnde Figur, die aus ihrem Leben erzählt? Oder erzählt sie vielleicht aus dem Leben eines Freundes? Wessen Augen betrachten das Geschehen in der Geschichte und können anschließend davon berichten? Kann oder soll der Leser gar die Gedanken der handelnden Figuren lesen? Wenn ja, wessen Gedanken? Die, aller Figuren oder nur die des Protagonisten? Mit der Beantwortung all dieser Fragen ist eine weitere Frage ganz eng verbunden: Welchen Abstand hat der Erzähler vom Geschehen?

So gibt es den Erzähler in der ersten Person, den sogenannten Ich-Erzähler. Er ist etwa der am zweithäufigsten eingesetzte Erzähler und ihm kommt eine besondere Aufgabe zu. Anscheinend erzählt er aus seinem eigenen Leben. Damit wird eine Geschichte sehr authentisch, denn der Leser denkt sich: Wenn der das so erlebt hat, dann wird das schon stimmen. Diese Erzählform wird aber trotzdem nicht nur für Autobiografien und selbst erlebte Reisen eingesetzt. Nein, sie wird in der fiktiven Geschichte eingesetzt, um diese authentische Wirkung beim Leser ganz bewusst hervorzurufen. Bestes Beispiel, und da gibt es eine erste Verbindung zu den Plot-Typen und Genres, sind Philip Marlowe oder Magnum. Der Ich-Erzähler ist typisch für den Privatdetektiv oder Underdog. Selbst fiktive Reisebeschreibungen nutzen diese Form (Karl May). Wobei wir bei einer Gefahr für den Autor sind. Leser können sich oft nicht vorstellen, dass man so schöne, reale Szenerien komplett erfinden kann und suchen deshalb immer nach einem Tröpfchen Wahrheit. Meist, und gerade bei der Form des Ich-Erzählers, muss der Autor dafür herhalten und er wird auf das Geschehen im Roman festgenagelt.

Diese Erzählform hat Nachteile, die es zu berücksichtigen gilt. So kann der Ich-Erzähler nicht in die Köpfe der anderen Figuren eintauchen. Er kann NICHT ihre Gedanken lesen und sie dem Leser mitteilen. Er mag vielleicht über deren Gedanken spekulieren, aber er kennt sie nicht. Des Weiteren kann er nur von Situationen berichten, die er selbst miterlebt hat. Er kann also NICHT davon erzählen, wie hundsmiserabel sich jemand gefühlt hat, dessen Fallschirm in der Luft nicht aufgegangen ist. Erst recht kann er das nicht erzählen, wenn es sein eigener Fallschirm war. Es sei denn, er ist in einen Heuschober gefallen.

Jedoch, um den wesentlichen Vorteil wiederholt auf den Punkt zu bringen: Der Ich-Erzähler ist Augenzeuge des Geschehens und der Leser erfährt von ihm alles aus erster Hand. Er erlebt die (fiktive) Welt mit den Augen, den Ohren, der Nase und der Haut des Augenzeugen. Mehr Realität und Nähe geht kaum.

Der am häufigsten eingesetzte Erzähler ist die dritte Person. Dieser Erzähler berichtet über das, was er sah oder sieht, über das, was andere Figuren miteinander besprechen. Hier können die Position und der Abstand zur Handlung ganz entscheidend sein. Handelt es sich um ein Familienmitglied oder engsten Freund des Protagonisten, dann kann der Erzähler schon sehr nahe an die Handlung herankommen. Ist es aber nur dessen Nachbarin, die vieles am Fenster oder über den Flur mitbekommt, dann wird sie nicht so nah am Geschehen sein. Der Leser wird von vornherein die Handlung aus größerer Distanz betrachten.

Den Nachteil des Ich-Erzählers, keine Gedanken lesen zu können, hat die dritte Person genauso. Der Leser kann maximal die Gedanken des Erzählers erfahren, aber selten die der handelnden Figuren. Das Spekulieren dieses Erzählers über die Gedanken der Akteure kommt auf den Abstand beider an. Der enge Freund kann eher etwas zur Gemütslage sagen als die Nachbarin. Dieser Tatsache müsst ihr euch als Autoren bewusst sein. Es gibt einen weiteren Nachteil, den ihr bei dieser Erzählform umschiffen müsst: der Erzähler muss immer beim Geschehen dabei sein. Wie sollte er sonst davon berichten? Es sei denn, jemand anderes hat es ihm berichtet. Okay, tricky, dann weiß der Leser, er bekommt diese Information aus dritter Hand.

Eine Sonderform möchte ich hier erwähnen, bevor ich im nächsten Kapitel auf weitere Sonderformen der ersten und dritten Person eingehe. Gemeint ist an dieser Stelle die des allwissenden Erzählers. Sie wird viel eingesetzt, gerade von Schreiblehrlingen (aber nicht nur!), weil sie weniger Einschränkungen aufweist und sehr flexibel ist. Diesen Erzähler könnte man mit Gott vergleichen, getreu dem Sprichwort: Gott sieht alles. Ihr wisst als Autor und Erfinder der fiktiven Welt, der fiktiven Handlung alles über diese Welt und könnt somit den Erzähler mit euerm gesamten Wissen darüber ausstatten. Dadurch könnt ihr Informationen an den Leser bringen, die eine einzelne Figur in der Handlung gar nicht wissen kann. Der allwissende Erzähler kann zudem in den Kopf jeder einzelnen Figur steigen und deren Gedanken lesen. Mit diesem Erzähler ist es möglich, durch falsche oder irreführende Informationen Spannung beim Leser zu erzeugen. Schaut euch eure Geschichten an und ihr werdet sehen, wie oft ihr diesen Erzähler schon eingesetzt habt.

SCHREIBÜBUNG

Eine Person A sieht in der Straßenbahn/ Bus/ Metro eine andere Person X, der ein Knopf an der Bluse/ am Jackett fehlt. Später trifft Person A die andere Person X zufällig am Hauptbahnhof wieder. Dies ist die Situation, die es nun zu beschreiben/

erzählen gilt. Und das bitte aus der Sicht vier verschiedener Erzähler:

(a) Ich-Erzähler A, der X sieht und trifft,

(b) fremder Ich-Erzähler B, der A und X sieht,

(c) ein Bekannter von der Person A, die A und X zufällig beobachtet,

(d) unabhängiger, allwissender Erzähler, der die Begegnungen schildert.

BUCHTIPP

Nun noch schnell einen Tipp für diejenigen unter euch, die gerne Krimis schreiben. „Wie man einen verdammt guten Krimi schreibt" von James N. Frey, erschienen im Emons Verlag mit der ISBN 978-3897053687.

NOTIZEN

Kapitel 16:
Sonderbare Erzählformen

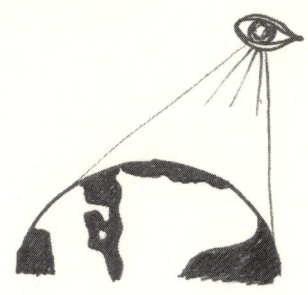

In diesem Kapitel möchte ich auf einige Sonderformen der Erzählperspektiven eingehen, nachdem wir im vorigen Kapitel über die Unterschiede und Merkmale des Ich-Erzählers und der dritten Person (als handelnde Figur und als allwissenden Erzähler) gesprochen hatten. Die nun vorgestellten Sonderformen sind fast alle von den bereits genannten Formen abgeleitet; sie sind Varianten und Methoden, die den Leser mit Informationen ausstatten, die ihn über eine Situation aufklären oder gar verwirren sollen.

Zuerst möchte ich die Multiperspektive einer ersten Person vorstellen. Natürlich muss es sich bei der Person, die eine Geschichte erzählt, nicht um einen einzigen Erzähler handeln. Vielmehr wird aus der Sicht verschiedener Figuren jeweils in der Ich-Form erzählt. Der Vorteil gegenüber eines einzigen Erzählers liegt auf der Hand: eine Situation oder eine Handlung kann von verschiedenen Seiten her betrachtet werden. Zur Erinnerung: der Ich-Erzähler kann nur darüber berichten, was er selbst erlebt oder gesehen hat. Mit mehreren Erzählern kann beispielsweise ein Autounfall aus der Sicht des Unfallverursachers, aus der des Fahrers des angefahrenen Fahrzeugs und aus der eines Passanten geschildert werden. Da die Form der ersten Person an sich schon authentisch wirkt und der Leser dies von drei unterschiedlichen Figuren erzählt bekommt, kann er sich alleine ein „objektives" Bild von dem Unfallgeschehen machen. Wirklich objektiv wird es nicht sein, denn in einer fiktiven Geschichte hat der Autor dafür gesorgt, dass der Leser dieses Bild erhält. Ein solcher Perspektivwechsel von mehreren Erzählern wird am besten mit einem Kapitelwechsel verbunden. Denn, bitte, gebt dem Leser eine Chance, der Handlung und der Geschichte zu folgen, indem ihr durch einen Kapitelwechsel die Trennung optisch anzeigt.

Eine andere erste Person ist der Beobachter am Rande des Geschehens. Ein dem Protagonisten nahestehender Freund erzählt in der Ich-Form. Diese Methode wird in großen Familiengeschichten gerne verwendet. Eine Figur, die damals noch ganz klein und Kind war erzählt vom Leben der Großeltern. Dieser Erzähler muss nicht unbedingt selber Protagonist sein. Es sollen vielleicht nur die „Abenteuer" des Großvaters, der in diesem Fall der Held ist, erzählt werden. Allerdings gilt es bei dieser Form zu beachten, dass der Erzähler nicht vierundzwanzig Stunden täglich vom Geschehen berichten kann. Schließlich muss er auch einmal schlafen. In der fortlaufenden Handlung müssen also Lücken sein, die den Vorteil bieten, dass der Leser die Handlung während dieser Zeit alleine in seinem Kopf „fortspinnen" kann.

Eine dritte Variante der ersten Person ist der unzuverlässige Erzähler. Eigentlich ist jeder Ich-Erzähler unzuverlässig. Er erzählt den Lesern nur das, was er ihnen erzählen will. Er ist immer subjektiv. Das weiß der Leser; darauf lässt er sich ein und deshalb wirkt eine so erzählte Geschichte authentisch. Der Leser gibt dem Erzähler einen Vertrauensvorschuss und erwartet, dass sein Vertrauen nicht enttäuscht wird. (Dies ist übrigens ein ganz wichtiger Vertrag, den der Autor mit seinen Lesern abschließt!) Einen ganz besonderen Kick erhält die Geschichte aber, wenn man den Leser vorwarnt und ihm mitteilt, dass man dem Erzähler nicht alles glauben sollte. Besonders, wenn es sich beispielsweise beim Erzähler um einen Psychopathen handelt oder um einen notorischen Lügner. Aber auch, wenn es sich um ein Kind handelt, dessen Fantasie manchmal Purzelbäume schlägt oder um einen Kater, der gerne wie ein Held dastehen möchte. Durch solch eine Vorwarnung wird der Leser geneigt sein, nicht alles zu glauben. Er wird immer aufmerksam sein und damit rechnen, dass etwas ganz Unvorhergesehenes eintritt. Ein unzuverlässiger Ich-Erzähler bringt also von Anbeginn eine gewisse Spannung in eine Geschichte.

Die Sonderformen eines Erzählers in der dritten Person ähneln denen des Ich-Erzählers. Der Abstand von den handelnden Figuren schafft oft automatisch die entsprechende Perspektive. Hier kann man ebenfalls mit mehreren Erzählern arbeiten, wenn eine Situation aus mehreren Perspektiven geschildert werden soll. Gefahr besteht allerdings darin, dass der Leser etwas verwirrt wird, falls er den Wechsel nicht mitbekommen hat. Optische Grenzen können hier helfen. Ganz schwierig und mit sehr starken Grenzen versehen ist der objektive Beobachter. Schwierig deshalb, weil er keinerlei Möglichkeiten hat, objektiv über die Gedanken anderer Figuren zu berichten. Das ist ein Ding der Unmöglichkeit.

Eine überaus besondere Erzählform ist die der zweiten Person. Anzutreffen ist sie häufig in der sogenannten Briefform. Dennoch können großartige und spannende Geschichten in dieser Weise erzählt werden. Beispielsweise verwendet der Schriftsteller Pascal Mercier in „Der Klavierstimmer" diese Form, in der sich Zwillingsgeschwister gegenseitig über die Gründe informieren, warum ein Dirigent von ihrem Vater umgebracht worden ist. Dabei werden die gesamte Kindheit und das Leben in der Familie abgehandelt. Aber nie langweilig, und immer für eine Überraschung gut. Das Besondere an diesem Du-Erzähler ist, dass er den Leser direkt ins Geschehen zu ziehen scheint. „Du solltest besser nicht dort entlang gehen, denn du siehst doch, dass der Straßenverkehr dort sehr groß ist. Die Gefahr, der du dich aussetzt, ist immens." Ein ganzer Roman in dieser Erzählweise schafft es, dass der Leser ständig im Mittelpunkt der Handlung steht.

SCHREIBÜBUNG

Schreibt einen Abschnitt aus der Sicht einer Person, die zum Briefkasten geht und einen Brief mit unangenehmem Inhalt in den Schlitz stecken muss. Anschließend schreibt den Hergang aus der Sicht einer Person, die die andere Person beim Gang zum Briefkasten beobachtet. Zu guter Letzt schafft einen unzuverlässigen Erzähler und lasst ihn den Gang zum Briefkasten beschreiben. Die Tatsache, dass es sich um einen Brief mit unerfreulichem Inhalt handelt, bleibt.

*Mein Buchtipp heute gilt Bonni Gold-
berg, die zahlreiche Bücher zum kreativen
Schreiben in den Handel gebracht hat. In
jedem ihrer Bücher gibt es zahlreiche Mut-
macher für die verzagte Autorin oder den
aufs leere Blatt starrenden Autor. „Raum zum Schreiben"; Autorenhaus Verlag; ISBN 3-932909453.*

NOTIZEN

_____

_____

_____

_____

_____

_____

_____

_____

_____

_____

_____

_____

_____

Nachwort

Liebe Leserinnen und Leser,
Liebe Autorinnen und Autoren,
und solche, die es werden wollen,

ihr seid nun gewappnet, eure Geschichten von einem ganz anderen Blickwinkel aus unter eurer Feder entstehen zu lassen. Ihr wisst, dass ihr die Herren eurer Geschichten seid und euch kaum irgendwelche starren Systeme auferlegt werden. Aber ihr wisst um die wichtigsten Zutaten, die ein Leser eurer Geschichten erwartet, um sie schön zu finden, um sie weiterzuempfehlen. Je mehr Regeln ihr kennt, umso mehr könnt ihr davon brechen und eine ganz besondere Geschichte entstehen lassen. Eine Regel aber solltet ihr **niemals** brechen: der Hauptfigur ein Ziel zu geben, für das sich zu kämpfen lohnt. Sonst wird der Leser keine Geschichte finden, die es sich zu lesen lohnt.

Weiteres Handwerk in Form von Büchern wird es demnächst bei edition oberkassel geben. Wer darauf nicht warten möchte, kann eines der motivierenden Seminare besuchen, die im Rahmen der edition oberkassel Akademie in Düsseldorf durchgeführt werden.

Ich freue mich auf ein persönliches Kennenlernen und auf eure Texte.

Viel Spaß beim Konstruieren und Schreiben!

Detlef Knut
Düsseldorf, 2012

Literaturverzeichnis

James N. Frey:
Wie man einen verdammt guten Roman schreibt,
Emons Verlag, ISBN 3-924491-32-1.

Alexander Steele (Hrgb.):
creative writing – Romane und Kurzgeschichten schreiben,
Autorenhaus Verlag, ISBN 3-86671-023-2.

Eva-Maria Altemöller:
Schreiben ist Gold – Wie Sie zu den Geschichten finden, die Sie immer schon schreiben wollten,
Coppenrath Verlag Münster, ISBN 3-8157-3087-2.

Elizabeth George:
Wort für Wort oder Die Kunst, ein gutes Buch zu schreiben,
Goldmann Taschenbuch, ISBN 3-44241-664-7

Lajos Egri:
Literarisches Schreiben: Starke Charaktere - Originelle Ideen - Überzeugende Handlung,
Autorenhaus Verlag; ISBN: 3932909682/ 978-3932909689

Victoria Schmidt:
45 Master Characters,
Writers Digest Books, ISBN-10: 1582975221/ 978-1582975221

Nancy Kress:
Dynamic Characters,
Writers Digest Books , ISBN-10: 1582973199/ ISBN-13: 978-1582973197

Sol Steins:
Stein on Writing/ Über das Schreiben,
Griffin, ISBN: 0312254210/ 978-0312254216;
deutsch: Verlag 2001, ISBN: 3861509083 / 978-3861509080

Redaktion:
Duden – Das große Vornamenlexikon,
Bibliographisches Institut, ISBN: 978-3411060832;

Redaktion:
Duden – Lexikon der Familiennamen,
Bibliographisches Institut, ISBN: 978-3411731114

Orson Scott Card:
Elements of Writing Fiction - Characters & Viewpoint;
Writers Digest Books; ISBN: 978-0898799279

Christa Zopfi, Emil Zopfi:
Wörter mit Flügeln: Kreatives Schreiben;
Zytglogge-Verlag; ISBN: 978-3729605053

Ronald B. Thomas:
20 Master Plots and how to build them;
Writers Digest Books ; ISBN-13: 978-0898795950

Raymond Queneau:
Stilübungen;
suhrkamp; ISBN: 978-3518224199

James N. Frey:
Wie man einen verdammt guten Roman schreibt, Bd.2;
Emons; ISBN: 978-3897051287

James N. Frey:
Wie man einen verdammt guten Krimi schreibt;
Emons; ISBN: 978-3897053687

Bonni Goldberg:
Raum zum Schreiben;
Autorenhaus Verlag; ISBN 3-932909453

James N. Frey:
Wie man einen verdammt guten Thriller schreibt;
Emons; ISBN: 978-3897058057

Gabriele L. Rico:
Garantiert schreiben lernen,
rororo , ISBN: 978-3499616853;

Orson Scott Card:
How to Write Science Fiction & Fantasy;
Writers Digest Books; ISBN: 978-1582971032

James Scott Bell:
Plot & Structure;
Writers Digest Books; ISBN: 978-1582972947

Sollen Bücher gefallen:

akademie.edition-oberkassel.de